自治体職員がみた
イギリス

石原俊彦／稲澤克祐　編著

関西学院大学出版会

自治体職員がみたイギリス

はしがき

　少子高齢化社会の本格的到来、格差是正、社会インフラの更新、教育と医療、福祉、環境、住宅など、地方自治体を取り巻く状況は、非常に厳しさを増してきた。こうした状況において、一人ひとりの自治体職員が果たさなければならない役割は、今後ますます大きくなると予想される。住民から信頼され、難易度の高いに仕事に誇りをもって積極的に取り組む自治体職員の存在こそ、これからの日本社会の礎を確固たるものにする上で、不可欠な要素の一つなのである。

　いま、自治体職員に求められているものは、公僕としての使命感と、自己の使命を達成するための専門知識と実務経験の蓄積、そして、ネットワークの形成である。これを推し進めるために、地方自治体ではこれまでも、人材育成や職員研修を積極的に展開してきた。しかし、自治体の財政状況の悪化に伴って、ほとんどの自治体で人材育成や職員研修関係の予算が削減されている。財政悪化により、事業や施策に対する歳出削減が不可避な現状で、住民に対する公共サービスの水準を維持するためには、使命感、専門知識、実務経験をもった自治体職員による補完に期待するところが、大きいにもかかわらずである。

　さまざまな難局に取り組まなければならない事態が想定される地方自治体においては、いま一度、人材育成や職員研修のあり方を、より積極的な方向へと、再検討しなければならない。そのためには、各市町村の研修センター、都道府県の自治研修所、市町村職員中央研修所（市町村アカデミー）、あるいは、全国市町村国際文化研修所のような公的な研修機関の充実に加え、全国の大学や大学院が担う、自治体職員向け研修プログラムの存在にも注目する必要がある。幸い、全国の大学・大学院において、自治体職員が受講可能なカリキュラムは増加の傾向にある。

　こうしたなか、関西学院大学専門職大学院経営戦略研究科は、平成19年度より会計専門職専攻（アカウンティング・スクール）に自治体会計コース

を設置し、地方自治体会計・行政経営専門職養成プログラムを開講している。このプログラムは、日本全国の大学・大学院にない、次のような特色を有している。
① プログラムは現役の自治体職員とその志望者を対象としている。
② 地方自治体の公会計と行政経営に特化したカリキュラムを構成している。
③ 社会人（自治体職員）のリカレント教育機関として、積極的に自治体職員の進学希望を受け入れるために、全国の50を超える自治体と推薦入試の制度を導入している。
④ 自治体職員のためのインフォーマルなネットワーク（フォーラムKGPM）と連携している。

　関西学院大学アカウンティング・スクール自治体会計コースの教育理念は、「地球規模で発想し、地域密着で行動する」自治体職員の育成である。自治体職員は、地縁・血縁、それに強い地域性を持って、日常の業務に取り組まなければならない。しかしそれは決して、自治体職員がその地域のことだけに精通していれば良いということを意味するものではない。より範囲の広い視野や経験、専門的知識を持つことで、個々の自治体における意思決定が、より効果的なものになるからである。

　自治体職員には、積極的に先進自治体の事例に学び、国際的に視野を海外に広げていくことが求められている。関西学院大学アカウンティング・スクールの自治体会計コースでは、正規の講義科目に加えて、「海外エクステンション」を実施し、イギリスの地方自治体視察への参加を、在学生と全国の自治体職員に呼びかけている。本書は「海外エクステンション」を設計する前身となったイギリス自治体への行政視察（2006年3月および11月に実施）に参加した、全国の17名の自治体職員による、イギリス行政経営先進自治体の視察報告であり、自治体職員として感じ取ったイギリスの息吹、たたずまい、諸相などを集約した小稿の合作本である。

　もとより本書は、学者が執筆した研究書ではないし、先進的な学術的内容を考察した専門書でもない。本書は、イギリスの地方自治体視察を通じて、わが国の自治体職員が学んだこと、整理したことをまとめた小冊子である。

内容も比較的固めの行政経営を扱う第一編と、イギリス、特にロンドンの日常生活に焦点を当てた第二編という二部構成になっている。また、本文中の注記等、必ずしも完全なものばかりではないが、この荒削りさに、自治体職員の生真面目な苦心のあとを垣間見ることができるので、編者は最少限の補筆をほどこしたのみである。

　本書は、主たる読者として自治体職員を想定している。全国の自治体職員に、本書を執筆した17名の自治体職員の原稿を通じて、イギリスをはじめとした諸外国に、視野を向けて研鑽を重ねることの重要性を、感じ取っていただきたい。また、本書から刺激を受けたより多くの自治体職員が、民主主義や地方自治の先進的な姿を垣間見るために、イギリス等への海外行政視察に取り組まれるきっかけに、本書が位置付けられれば望外の喜びである。海外自治体の行政視察からは、期待以上の感動と達成感が得られるにちがいないからである。

　なお、本書は、文部科学省から関西学院大学専門職大学院経営戦略研究科に給付された「地方自治体改革に貢献する会計専門職の養成」プロジェクトに対する補助金（平成17年度法科大学院等専門職大学院形成支援プログラムと平成18年度法科大学院等専門職大学院教育推進プログラム）の研究成果である。また、平成19年度文部科学省科学研究費補助金（基盤研究A）「産官学連携による日英自治体のNPM実態調査と改革を推進するケース・メソッドの開発」（研究代表者：石原俊彦）の研究成果も一部含まれている。

　本書の執筆に際しては、関西学院大学経営戦略研究科自治体NPMセンターの山本佳代さんから、数多くのサポートをいただいた。ここに記して感謝申し上げる次第である。

　　　2008年1月1日

石原　俊彦
稲澤　克祐

目　次

第1編　英国地方自治体の行政経営改革

第1章　英国の地方自治体
　　　　――行政と経営改革の概要 …………………… 13

第2章　英国地方自治体のランキング
　　　　――自治体監査委員会による競争環境の整備 ……… 43

第3章　英国最大で最小の地方自治体
　　　　――ロンドン市役所の廃止と復活 ……………… 65

第4章　ロンドンの貧困地区が抱える課題
　　　　――サザック区役所の取り組み ………………… 77

第5章　大ロンドン市が営む最大のビジネス
　　　　――ロンドン市交通局の行政経営と交通政策 ……… 89

第6章　オリンピック開催とロンドンの都市再生
　　　　――ロンドン開発公社の葛藤 …………………… 101

第7章　英国第2の都市が目指す行政経営
　　　　――バーミンガム市役所のうめき声 …………… 113

第8章　老後を豊かに暮らす観光自治体
　　　　――ブライトン・ホーブ市のマネジメント ……… 125

第 9 章　語学研修を街づくりに活かす学園都市
　　　　──イーストボーン市役所の業績管理と地域戦略 …… 137

第 10 章　海峡の街と行政経営
　　　　──ドーバー市のパートナーシップと内部管理 ……… 149

第 2 編　英国の日常と市民生活

第 11 章　ロンドンの街並み
　　　　──世界一歩きやすい都市をめざす ………………… 165

第 12 章　イギリス：買い物事情と街歩き
　　　　──実際に体験してみると ……………………… 179

第 13 章　イギリス人のファッション・プライド
　　　　──個性と機能性の追求 ………………………… 189

第 14 章　管理栄養士が見たイギリスの食文化
　　　　──伝統とバラエティー ………………………… 199

第 15 章　自治体職員流英国の歩き方
　　　　──ロンドンの諸相 ……………………………… 215

【編著者紹介】

石原俊彦　関西学院大学専門職大学院経営戦略研究科教授　博士（商学）
　　　　　公認会計士　英国バーミンガム大学公共政策学部客員教授

稲澤克祐　関西学院大学専門職大学院経営戦略研究科教授　博士（経済学）

【執筆者紹介】

第1章	稲澤克祐	関西学院大学専門職大学院経営戦略研究科教授
第2章	豊島英明	神戸市行財政局行政経営課行政経営係長
第3章	吾郷朋之	島根県政策企画局政策企画監室 主幹
第4章	室崎隆司	島根県商工労働部産業振興課 総務企画グループ リーダー
第5章	小田賢嗣	山形市企画調整部企画調整課 主任
第6章	梅村　仁	尼崎市産業経済局産業振興課長
第7章	吾郷朋之	島根県政策企画局政策企画監室 主幹
第8章	後藤好邦	山形市企画調整部企画調整課 主査
第9章	大泉信一	山形市教育委員会管理課 主査
第10章	室崎隆司	島根県商工労働部産業振興課 総務企画グループ リーダー
第11章	伊藤美乃里	日進市総務部財政課 主事
第12章	疋田昌広	鶴岡市企画部地域振興課 主事
第13章	杉田水脈	西宮市健康福祉局子育て支援グループ 係長
第14章	早川佳代	伊那市教育委員会学校教育課 管理栄養士
第15章	石原俊彦	関西学院大学専門職大学院経営戦略研究科教授
	鈴木　一	山形市健康福祉部子育て推進課 主査
	松沢　聖	山形市企画調整部企画調整課 主査
	大泉信一	山形市教育委員会管理課 主査
	奥山敏行	山形市企画調整部企画調整課 主査
	早川佳代	伊那市教育委員会学校教育課 管理栄養士
	伊藤美乃里	日進市総務部財政課 主事
	志藤史明	山形県庄内総合支庁企画振興課 主事
	大場俊幸	山形市環境部ごみ減量推進課 主事
	開沼美穂	山形市財政部市民税課 主事

第1編　英国地方自治体の行政経営改革

第1章 英国の地方自治体
—— 行政と経営改革の概要

1 英国とは

　英国は、イングランド、北アイルランド、スコットランド、ウェールズの4つの邦(くに)から成る連合王国（United Kingdom）である。これらの邦々の間で、ガバナンスも立法形態も異なっており、特に、1999年にスコットランド議会（Scottish Parliament）とウェールズ協議会（Walsh Assembly）、北アイルランド法定協議会（Northern Ireland Legislative Assembly）に権限移譲されてからは、4つの邦の存在がきわだってきている。一方で、ウェストミンスター国会[1]には依然として、英国の防衛や外交、英国全体を包括する経済政策や税制などの責任が置かれており、また、同国会は、イングランドの立法機関でもある。さらに、イングランドの自治体の構造や機能、権限を決定するところでもある（イングランドは英国の4つの邦の中では最大にもかかわらず分権化された広域政府は存在していない）。

　これら邦々に設置された議会等のなかで、最も広範に権限移譲をさえているのがスコットランド議会[2]であり、1999年7月から、スコットランド内の自治体について、その構造や機能、権限の決定に責任を持っている。ウェールズ協議会[3]にはスコットランド議会ほどの権限は分権されていないが、財政面での影響も含めてウェールズ内の自治体の制度づくりに影響を与えている。北アイルランド議会は、政治的な混乱のために2002年10月から休止状態になっており、現在、北アイルランド[4]に関する立法権限はすべてウェ

ストミンスター国会に置かれているところである。

　これら4つの邦ごとに、自治体の構造は異なっている。イングランド[5]にはおよそ400の自治体があり、複雑な構造をしている。概略的に言えば、イングランドの都市部は一層制自治体（ユニタリー自治体）であり、その他の地域では、二層制となっている。すなわち、教育や社会福祉、インフラ関係を所管する広域自治体であるカウンティ（county）と、住宅政策と地域環境保全を所管する基礎的自治体であるディストリクト（district）の二層である。スコットランドとウェールズでは、すべて一層制となっている。こうした構造の違いに関わらず英国の自治体には、公選の議会があり、地域住民に対して、教育サービスや福祉サービス、環境保護、インフラ関連サービスといった重要なサービスを提供しているのである。なお、英国自治体の機能については、第2章を参照。

2　英国の自治体構造改革 ── 市町村合併、県統合、一層制化、道州創設

1）サッチャー・メイジャー保守党政権の自治体構造改革（1980年代〜1998年）

　サッチャー保守党政権が1979年に誕生すると、さまざまな公共部門改革が進められた。マネー供給量のコントロールがインフレを抑制するとのマネタリズムの立場に立ったサッチャーは、公共支出を削減して「小さな政府」を目指す。その動きのなかでは、「効率性」が最も重要な改革の価値観となったのである。

　まず、大ロンドン市（Greater London Council）も含めて6つの大都市圏の県（Metropolitan county）の廃止を決定した。その理由としては、大ロンドン県の支出額は、当該地域の公的支出額の16％、他の大都市圏の県でも26％に過ぎず、限定した機能しか果たしていない。政府は公共支出削減のために1981年から支出目標を設定したが、大ロンドン県と6つの大都市圏の県の支出額はこの目標を大幅に上回っているとしている。財政の肥大化が改善されないという理由で1985年地方自治法（Local Government Act 1985）

によりこれらの県廃止が決定、1986年3月末をもって廃止されたのである。大ロンドン県を例にとれば、このときの県職員約2万1000人のうち、1万9000人が基礎自治体であるロンドン・バラ（London borough: ロンドン区）に、約2,000人は解雇ということであった。そして、大ロンドン県廃止により、ロンドンの住民サービスは、32の区とシティ（City）および百を超す事務組合に分けられることとなったのである。

つぎに、1990年11月、メイジャー保守党政権に移行するとすぐに、民間企業出身のヘーゼルタイン（M. Heseltine）環境大臣のもとで、大都市圏以外の地域での一層制化が検討された。その結果、スコットランドとウェールズにおける一層制化が先行し、両地域とも1996年4月をもって県を廃止して完全一層制となった。イングランドにおいては、全域一斉導入ではなく、カウンティ単位で住民の意思により一層制か二層制かを選択できるとしたため、1998年まで続く、段階的で、かつ不完全な導入となった。

なお、スコットランドでは、9つの県（regions）を廃止し、53市と3島嶼自治体を統合して、29の一層制自治体（Unitary Authorities）を創設した。ウェールズにあっても、8県を廃止、37市を統合して22一層制自治体を創設した。

2）ブレア労働党政権による地方政府構造改革（1999年～現在）

1997年5月に、18年の雌伏の時を経て労働党政権が誕生すると、公約であったスコットランド議会とウェールズ議会の創設について住民投票を実施した。結果、スコットランドでは、議会の創設と所得税の税率操作権移譲の双方について圧倒的多数で、ウェールズでは議会創設についてのみの投票となり僅差により創設が決定した。さらに、イングランドにおいては、地域機関の創設について提言を行っている。

スコットランド議会（Scottish Parliament）

スコットランドの人口は約500万人、欧州ではデンマークと同程度の規模である。産業革命によって発展したものの、ビクトリア時代の終焉とともに

衰退地域へと変容したが、北海油田の発見で勢いを取り戻しつつある。だが、こうした経済的理由だけでなく、スコットランド住民が議会創設に向かったのは、民族を異にする地域の相違が大きいであろう。その制度は、連邦制に近く、自治権の大幅な拡大が進められた。

1999年に誕生したスコットランド議会は、総議席数129議席、一院制で、選挙は、現行の小選挙区制と英国内では初の比例代表制を併用している。議会によって第一大臣（The First Minister）という首相が選出され、首相は11人の閣僚（Ministers）を任命し、スコットランド行政庁（The Scottish Executive）という内閣を組織する。内閣は議会に対して責任を持つとされ、この内閣の執行を輔ける組織として行政職員からなる6つの省庁が創設されている。

スコットランドにおける分権が連邦制に近いと言われる理由は、第1に、国に留保される業務を法律において限定列挙したうえで、他はスコットランド議会の業務として、それら業務にかかる行政権だけでなく立法権まで移譲していること、第2に、国税である所得税の税率操作権を移譲していること、であろう。

国に留保される業務としては、外交、EUとの関係、防衛、経済財政政策、雇用、年金、交通安全、放送、国営宝くじであり、これらの業務は、議会創設以前と同様、国の省庁のひとつであるスコットランド省（Department of Scotland）が所管する。なお、スコットランド省職員は国家公務員の身分を継続するものの、給与はスコットランド議会から支払われている。

イングランド地域機関

民族の相違という特殊事情がないイングランドについて、労働党政権はどのように分権の制度設計をしていただろうか。

ロンドンを含むイングランドの10地域に、地域機関を創設しようという政策がその答えであり、経済開発に軸足を置く政策である。イングランドと一口に言っても、地域ごとの経済格差は大きい。ある程度の規模をもって経済開発が進められないと効果は望めないとする考え方は、欧州では「欧州構造基金」の方針に表れている。欧州が均等に発展するためには、国ごとに格

差がなくなること、国ごとの格差がなくなるためには、国内の地域間格差がなくなることとして、EUでは、各国からの拠出金をプールして、各「地域」に地域再生のための補助金を交付している。その「地域」にあたる単位として、英国では、カウンティが欧州構造基金交付の受け皿となっていた。が、今般の一層制化によりカウンティが消滅してしまったり、小規模化してしまったりしたため、それに代わる規模の自治体創設が必要とされていた。したがって、イングランド地域機関の創設理由としては次の2つ、第1に、欧州構造基金の受け皿として、第2に、経済開発のスケール・メリットを生かすための広域行政体の創設ということになる。

経済開発が出発点であるから、まず、民主的な議会を創設する前に、「地域開発公社（Regional Development Agency. RDA）」を創設して、地域再生の主役としている。主に、保守党政権下に誕生したパートナーシップ重視の単一地域再生補助金（Single Regeneration Budget）[6]の受け皿として、さらに、企業誘致の実働部隊としての役割をこの地域開発公社は果たしていると言える。

こうした営みに継続して、地域機関の次なる段階としては、地方議会議員による地域集会、さらに、その次には、地域住民が希望する場合には直接公選の議員による地域議会を創設できるという政策である。

地域集会および地域議会については、一層制自治体によって構成される地域に創設することとしていることからも、広域的な調整機能を特に期待していると考えられる。

3　自治体職員と地方議員、地方議会

1）議員（Councillors）

英国全体では約2万2000人の地方議会議員がいる。議員の任期は通常4年であり、改選の時期は、イングランドの中でもさまざまある。大きく分けると、4年に1回の選挙で全員がいっぺんに改選される日本と同様の仕組

みを採用している地域と、毎年3分の1ずつ改選し、3年間で全員が改選の時期を迎えるという地域もある。前者は主に一層制地域であり、後者は主に二層制地域である。二層制地域では、基礎的自治体（ディストリクト）の改選を3年間かけて行い4年目に広域的自治体（カウンティ）の改選を行うというローテーションになっている。

　英国の議会は、いわゆる「会議制」であり、議会は立法権でだけでなく行政権も掌握する。二元代表制の大統領制（わが国の方式）や議院内閣制に比べて議会の権限が強力である。なお、本会議における議員の権限は、全員が平等である。

　また、英国の議会の構造は、「委員会制」であり、教育、福祉、公営住宅、といった政策分野ごとに委員会が構成され議員は各委員会に属して、本会議から付託を受けた案件の審議を行い、委員会を補佐する行政部局（教育部、福祉部、公営住宅部など）とともに業務の執行を行うものである。この構造は、議員全員が案件の決定だけでなく執行に携われるという利点はあるものの、意思決定に長い時間が費やされること、住民から見ると誰が責任者なのかがわかりづらいことなどの欠点が指摘されていた。

　この欠点を解決するために、ブレア労働党政権は、議会の構造を改めることとし、具体的には、2000年地方自治法（以下、「2000年法」という）において、4つの選択肢〔1　直接公選首長と議院内閣制、2　直接公選首長とカウンシル・マネージャー制、3　リーダーと議院内閣制、4　従来の委員会制〕を提示して、住民投票によりどれかを選択することとしたのである。

　従来の委員会制という選択肢を除いては、議会の中に、重要案件の決定と執行の責任を司る機関（1, 3の場合は10名以内の議員による「内閣」。2の場合は「カウンシル・マネージャー」。以下、あわせて「執行機関」と言う）を設置することがこの議会改革の主たる目的である。

　執行機関の主要な役割は、重要政策の提案、予算の提案、重要政策のフレームの中での執行にかかる決定、である。最大与党の実力者であるリーダー、または直接公選首長のもとに内閣を構成する形態においては、リーダーまたは首長の示す「政策綱領（マニフェスト：manifesto）」をもとに、重要政策を提案していき、執行に移す。

2000年法による議会改革では、議員の役割も変化することになった。これまでの議員の役割は、①有権者の代表として、地域及び選挙区の利益を代表すること、②地域のリーダーとして各種サービスの監視をすること、③政策立案者として地域社会のニーズを反映した政策や計画を作成すること、④政治家としてさまざまな問題を処理、解決するために政治的決断を行うこと、であった。が、この議会改革によって、「執行機関」に所属して政策を立案・実行する者と、その政策決定や執行状況を評価・監視する政策評価委員会に所属する者とに分けられることになったのである。

2）首長

英国でMayorの肩書を有する者は、独立した行政機関の長ではなく、対外的に地方自治体を代表する議長である。政治的には、実権を与党のリーダーが掌握していた。ただし、2000年7月には、英国議会史上初めて、大ロンドン市（Greater London Authority）に公選の首長が誕生し、前述した2000年法による議会改革によって、2002年5月に公選首長が誕生するようになってきている。

3）事務職員

英国では、事務職員の採用について、数や職種などを決定する権限を各自治体が有しているが、財務部長（Chief Financial Officer）や監督官（Monitoring Officer）、そして、全体の事務を統括する事務総長（Chief Executive Officer）という法定職が存在している。

幹部職員については、広くEUを含め全国規模で募集がかけられ、その他職員については地域規模で募集がかけられる。募集広告は、新聞や地方自治体関係の専門誌などに掲載される。採用の審査については、幹部職員については議員が、その他の職員の場合は、職務上の上司および部局人事担当者が行う。

4　ニュー・パブリック・マネジメントによる自治体経営改革

　英国の公共部門改革は、ニュー・パブリック・マネジメント（New Public Management：以下「NPM」という）と呼ばれ、わが国を含め、世界各国へと伝播している。以下、NPMの論理と自治体経営改革について説明する。

1）公共部門改革の2つの論理と3つの視点

　NPMは、一般に新制度派経済学と経営管理論の影響を受けていると言われる。新制度派経済学の考え方とは、「させる論理」であり、契約を重視する。代表的な手法にエージェンシー化がある。エージェンシーとは執行部門と政策立案部門を分け、執行事業の目標を数量化して、達成について執行部門の長と政策立案部門の長とが契約する。契約を達成すれば報酬が、できなければペナルティという信賞必罰の制度である。つまり、現場責任者にさせる（make managers manage）のである。「させる論理」による改革は、短期的目標の達成には適している。一方、経営管理論の立場に立てば、目標の達成に当たって、組織の構成員の責任感と達成感を評価したうえで、人事や予算などの資源配分の権限をできる限り執行部門に委譲する。すなわち、現場責任者に任せる（let managers manage）のである。組織構成員への信頼感が基盤になるため、「任せる論理」の改革は、長期的目標に適している。

　NPMに基づく様々な改革手法を見ると、これら2つの論理のどちらかが強く支配していることになる（図表1-1）。しかし、どちらかに100％偏っているのではなく、エージェンシーにしても、契約によって「させる」一方で、エージェンシーの長に資源配分を「任せて」いる。

　「させる」と「任せる」という2つの論理のミックスで開発された手法を推進する時の視点は、3つに分類できる。すなわち、支払われた税金に対して最も価値あるサービスを提供する「バリュー・フォー・マネー（Value

For Money：VFM）」の 3 つの評価視点である「経済性（Economy）」「効率性（Efficiency）」「有効性（Effectiveness）」である。

図表 1-1　NPM における 2 つの論理

論理	領域	手法	適合目標	具体的手法
させる	新制度派経済学	報酬とペナルティ	短期的目標に適	エージェンシー，CCT, PFI, 市民憲章
任せる	経営管理論	責任感と達成	長期的目標に適	民営化，ベストバリュー

（注）　CCT（Compulsory Competitive Tendering：強制競争入札）

2）自治体経営改革の推移

1）で整理した 2 つの論理と 3 つの視点が保守党政権から現在の労働党政権にいたるまでの自治体経営改革手法において、どのように展開され、そして変化してきているかをここでは整理しよう。以下においては、ベストバリューと呼ばれる政策以前の推移を概観する。

強制競争入札（Compulsory Competitive Tendering: CCT）

保守党政権下で導入された手法として、強制競争入札（Compulsory Competitive Tendering: CCT）が挙げられる。CCT とは、業務の遂行に当たって、自治体自らも入札者となって民間等との入札を経て落札しなければならないということを法律で義務づける制度である。落札できなければ自治体の当該部局は廃止されざるを得ない厳しい制度であり、自治体に競争原理の徹底を持ち込み「契約型」社会への変革を迫るものであった。導入当初は道路清掃など現業に限定されていたが、1988 年の法律改正[7]で自治体業務のかなりの部分を占めるにいたった。

CCT は、サービス提供方法を法律で決めるという自治権の侵害が常に指摘されていたものの、導入の目的であったコスト削減には一定の効果があった[8]。そのほか導入によってもたらされた効果としては、次のことが挙げられる。第 1 に、民間部門との競争を前提とすることで、公共サービスの提供

主体の多様化が図られたことである。公共サービスの担い手が増えたことで、これまでの独占市場がコストと質を競い合う環境へと変化したのである。一方で、後述するように、公共サービスの提供者間での意思統一が図られないという弊害も生み出した。第2の効果としては、公共部門が契約を通じてサービスの水準とコストを統制する「統制された市場原理」を公共サービス分野にもたらしたと言える[9]。

また、コストを削減するあまりにサービス水準が低下するのではないかという懸念をなくすために、契約書上にサービス水準を明記してその達成を契約事項とすることが求められた。この点から、CCTは、アウトプットを固定してインプットの最小化を図る「経済性」に着目した手法である。

市民憲章（シティズンズ・チャーター）と業績指標

市民憲章（Citizen's Charter）は、改革の視点をコストだけでなく、サービスの「質」と「住民満足」に移すことを謳ったものである。1991年に導入された。市民憲章とは、個々の公共サービスについて、サービスの水準を明記し、すなわち、アウトプットを特定して、その達成を住民（国民）に約束する制度である。したがって、市民憲章にしても「経済性」に着目した手法であることには変わらない。さらに、サービスの水準は何を根拠として約束するのか、その達成を住民はどのようにして知ることができるのか、という問いに答えるために、客観的な数値で公共サービスを測定・評価する業績指標が市民憲章の要請を受けて1993年から導入されている。

市民憲章の革新性としては、アウトプットの特定化について全国共通の指標（Performance Indicators）を用いた点、情報公開を徹底した点、公共サービスに対する苦情申立て方法を確立したこと、その苦情に対する改善結果についても明らかにすることを公共部門に義務づけたこと、である。また、市民憲章の意義は、住民に対して、「知る権利」と「一定の水準を満たす行政サービスを受ける権利」を明確にしたことである。

PFI（Private Finance Initiative）

1992年に導入されたPFI（Private Finance Initiative）は、民間の資金と

ノウハウを公共部門に導入する施策であり、特に資産取得を伴う公共サービス提供に適用されている[10]。道路を例にとれば、公共部門は道路というインフラ資産を取得しない。その代わりに、道路の設計、建設から管理、資金調達までを一手に引き受ける民間企業体から、「安全で快適な道路サービス」の提供を受けて、安全性・快適性の程度に応じた対価を委託料として支払う。安全で快適な道路サービスかどうかは、事故率、道路閉鎖率として、活動結果量を表すアウトプット指標で示される。そして、その水準を満たし、かつ、最も低廉な価格で入札した民間企業体に任せる。つまり、アウトプットを固定してインプットの最小化を図ろうとしているから、PFIも「経済性」に着目した手法である。

単一地域振興予算 SRB

1994年に導入された単一地域振興予算（Single Regeneration Budget: SRB）は、それまで20に分かれていた国の地域振興関係補助金を統合し、終期を迎えた補助金財源を更新することなくプールしておいて、その獲得を入札にかける制度である。入札の条件は、パートナーシップを形成して地域振興に取り組むことである[11]。自治体が主体となって、民間企業やボランタリー・セクターとパートナーシップを形成して入札に臨むことが多い。SRBは、インプットを固定して、できる限りのアウトプットの最大化を図る施策、すなわち、「効率性」に着目した施策であり、さらに、その効率性達成においてパートナーシップを重要視している。パートナーシップに着目した理由としては、CCTなど公共部門の外部化を進める手法によって、サービス供給主体の細分化が進んできたため、各供給主体間の連携を図ることが急務となったためである。保守党政権も末期になって、ようやくパートナーシップが政策のなかに採りいれられるようになったわけである。

経済性・効率性重視から有効性重視への転換

さて、1997年に誕生した労働党政権は、「後戻りはしない」という言葉のとおり、保守党政権において効果のあった政策は継承していった。しかしながら、自治権の侵害として自治体から評判の悪かったCCTについては、選

挙公約において廃止を約束しており、政権につくとすぐにその代替策であるベストバリュー施策（Best Value）の骨格を発表するにいたっている。ベストバリュー施策については、5で詳述するが、ここでは、「最も経済的で効率的、効果的な手段を用いて、サービスのコストと品質の双方に配慮した基準に従ってサービスの供給に努めること」を自治体に法律によって義務づける制度である、としておく。これまでの手法では、アウトプットとインプットの関係を厳密にとらえることで、VFM の達成を図ろうとしていた。しかし、行政にとって重要なのは、そのアウトプットによって住民生活がどのように変わったか、すなわち、アウトカムの局面である。ベストバリュー施策では、アウトプットを重視しながら、さらに、アウトプットを通じてアウトカムがどのように達成できたかを示す「有効性」へと改革の軸足がシフトしてきている。

　以上、英国の自治体改革手法について、導入目的と改革の視点についてまとめてみたのが図表1-2である。時を経るに従い、改革の視点が経済性から効率性、さらに有効性へとシフトしてきていることがわかる。また、保守党政権では公共サービスの外部化を図ろうとするベクトルが強く働いていたが、労働党政権では、それによる弊害、すなわち、公共サービス供給者の分

図表 1-2　自治体改革手法の展開と視点の改革視点のシフト

政権	導入時期	導入目的	改革手法	改革の視点
保守党	1980〜2000 年	コスト削減	強制競争入札（CCT）	経済性
保守党	1991／93 年〜	質の確保	市民憲章／業績指標	経済性
保守党	1992 年〜	コスト削減と質の確保	PFI	経済性
保守党	1994 年〜	パートナーシップと質の確保	SRB	効率性
労働党	2000 年〜	パートナーシップと戦略性	ベストバリュー	効率性・有効性

（注）　□□□ は、労働党政権においても継続されている。ただし、市民憲章は「サービス・ファースト（Service First）」に名称が変わり、PFI は、よりパートナーシップを重視した PPP（Public Private Partnership）の枠組みの中に包含されている。SRB は 2000 年度分で募集を打ち切り、2001 年度から、単一予算（Single Budget）[12] に移行している。

断化・細分化を解決するために、パートナーシップが政策の主軸に据えられるようになってきている。

5　ベストバリュー（Best Value）——労働党政権の自治体改革施策の目玉 [13]

4では、18年間の保守党政権の改革を振り返り、改革の視点が経済性から効率性へとシフトしてきている点、さらに、労働党政権では、有効性を重視し、パートナーシップという概念が重要になってきていることを指摘した。

ベストバリュー施策（Best Value: BV）は、CCTを廃止すると公約した労働党政権が、その代替策として打ち出した施策である。が、これまでの自治体改革手法から少なからず影響を受け、むしろ、NPMによる自治体改革の集大成と言えるものである。ここでは、BVのフレームと今後の動向について解説する。

1）BVとは何か

BV導入を表明してから、ブレア労働党政権は段階的にその概要を示してきた。その中から、BVの核心に触れているところを引用すれば、「公共サービスの質とコスト双方において、たゆまぬ向上を目指すことが新しい自治体の証であってBVの目指すところ」[14]であり、「（向上のために必要なことは）コミュニティ内のサービス・ユーザー等との良好な協働関係を保つこと、業績の向上は指標と達成目標により計測すること、サービス提供主体の選択肢を広くすること、常に透明な自治体であることに努めること」[15]である。すなわち、サービス・ユーザーの視点に立った生産性向上／成果志向を全自治体で進めることを目的として、戦略経営、業績マネジメントそしてパートナーシップを徹底するフレームを構築しようとしたのがBVだと考えられる。しかし、こうしたフレームを構築するか否かは、本来自治体の自治権の範疇である。それをなぜ、法律[16]で定めて義務づけようとしたのか。自治体監査委員会（Audit Commission）[17]は、導入初年度のBVの結果報告書[18]の中で、「BVの導入目的は、自治体間のサービス格差を解消すること[19]、

持続的なサービス向上を求めることである」と述べている。サービス格差が存在するという事実は、一方で英国の地方財政制度において、自治体の財政自主権を保証してきたことと表裏一体である。つまり、英国の地方財政制度では、提供するサービスの質と量、すなわち歳出額と地方税率が連動する仕組み[20]になっていて、地方税率は自治体ごとに大きく異なり、同様にサービス・レベルの開きも大きいのである。労働党はかねてより、英国のどこに住んでいても受けるサービスに不公平があってはならないことを指摘していた。こうした点から、自治体改革の目標を格差解消と持続性に絞り、その担保のためにBVの仕組みを法定したのではないかと考えられる。

2) BVのフレーム

　BVは、次の4つのフェーズにより構成されている。すなわち、①戦略経営体系の構築、②業績マネジメント体系と品質マネジメント体系の構築と、③外部評価、④失策に対する国の介入権行使の4つである（図表1-3）。
　①と②では、地域住民に最高の価値を提供するためのシステムとして、戦略経営重視と業績マネジメントおよび品質マネジメントを前面に出した自治体経営のあり方を提示している。まず、戦略経営の考え方は、日本の地方自治法に規定されている基本構想・基本計画の体系に類似している部分もある。が、決定的に異なる点は、自治体が住民に対してその使命を果たしているかを結果／成果（output/outcome）の視点から数値測定・評価するために、戦略体系のボトムに「（数値による）達成目標」を据えたことである。戦略経営と行政評価の親和性が高いシステムと言える[21]。次に、業績マネジメント体系の中核に置かれたのが2種類の行政評価、すなわち、プログラム評価（programme evaluation）である「業務見直し（performance review）」と業績指標によって網羅的に組織の評価を行う「業績測定（performance measurement）」である。また、一方で、これまで自治体が独自の判断で導入してきた品質マネジメント、たとえばISO9000などの導入をより推奨している。
　③の外部評価では、自治体監査委員会が業務見直しを調査検討の俎上に乗

せる「BV検査（BV inspection）」、戦略体系と業績測定を対象とする「BV監査（BV audit）」[22]を行う。④の失策に対する国の介入権の行使ではBV検査やBV監査で発見した問題点の性質によって、「勧告」から「特定業務の停止・他への移管」にいたるまでの手段を行使する権限を国が留保することを指す。「地方重視」と唱える労働党政権ではあるが、自治体にとってはこれまでになく厳しい統制要素も抱えたフレームである。以下においては、図表1-3の①～④の諸点について、事例を交えながら解説する。

図表1-3　BVのフレーム

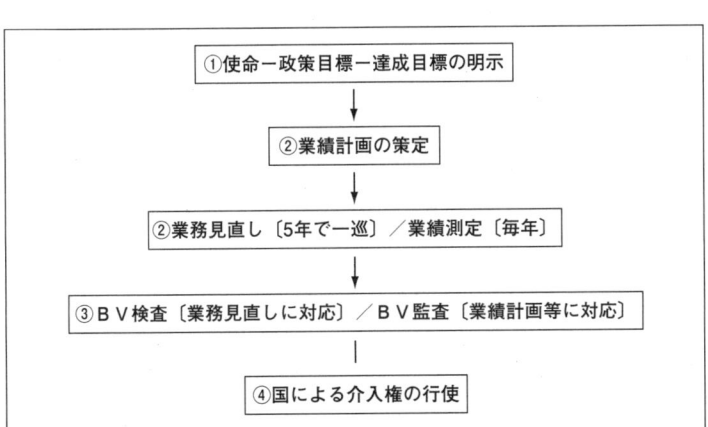

3）BVにおける戦略経営体系の構築

　限られた資源（人、予算等）を最も効果的に使って、組織の理念と目標を達成するのが「戦略（strategy）」である。したがって、戦略が計画や業務の方向性を規定する。BVでは、自治体が住民に対して果たす使命（mission）やビジョン（vision）を明らかにして、その使命・ビジョンを達成するための具体的な目標（objectives）や達成目標（targets）を体系づけた戦略を策定することが法によって要求されている[23]。具体的には、使命・ビジョンを達成するために、最も効果的な資源活用を議論し、政策（Policyまたは

Aim）を決める。政策はさらに具体的な目標へとブレークダウンされ、これら目標の達成手段として施策（programme）が組み立てられる。そして、施策の達成状況は、数値指標によって測定される。ブリストル市（Bristol City）の例を図表 1-4 に掲げる。

図表 1-4　ブリストル市の戦略体系図

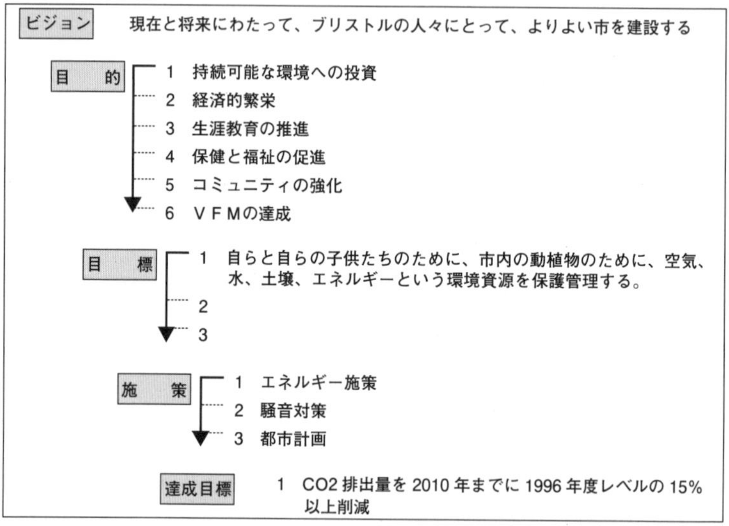

ビジョン	現在と将来にわたって、ブリストルの人々にとって、よりよい市を建設する
目的	1　持続可能な環境への投資 2　経済的繁栄 3　生涯教育の推進 4　保健と福祉の促進 5　コミュニティの強化 6　ＶＦＭの達成
目標	1　自らと自らの子供たちのために、市内の動植物のために、空気、水、土壌、エネルギーという環境資源を保護管理する。 2 3
施策	1　エネルギー施策 2　騒音対策 3　都市計画
達成目標	1　CO2 排出量を 2010 年までに 1996 年度レベルの 15% 以上削減

（出所）　Bristol City Council（2001）*Serving Bristol Better* 2001 から筆者作成

4）BV における品質マネジメント体系・業績マネジメント体系の構築

　戦略経営体系の構築が、主に、「Plan（計画）― Do（執行）― See（評価）」という業績マネジメント・サイクル（PDS サイクル）における「Plan（計画）」を刷新しようとする試みであるのに対して、Do（執行）についてのアプローチが品質マネジメントである。そして、PDS サイクルを回転させるエンジンとなるのが、業務見直しと業績測定という 2 つの行政評価であり、See（評価）の刷新を図ることを目的としている。

図表1-5　品質マネジメントの手法と導入目的（○が各手法の主な導入目的）

手法	統率力	政策・戦略	人事管理	パートナーシップ	プロセス	顧客満足	職員満足	社会への影響	事業活動結果
BXM	○	○	○	○	○	○	○	○	○
IiP			○				○		
ISO						○	○		
CM						○			○

(出所) DETR (2000). Guide to Quality Schemes and Best Value. p12.Fig.1 をもとに作成。なお、表頭に示される手法については、下記を参照されたい。

① BXM (Business Excellence Model)：業績の優秀性・卓越性を表頭に掲げた9つの観点から定性的に審査するもの。個々の観点における点数がウエート付けされる。
② IiP (Investor in People)：組織が行っている職員の研修や能力開発に関する国家基準。
③ ISO9000：業務のプロセスをマニュアル化することで顧客満足度の向上を図る国際基準。
④ CM (Charter Mark)：10の観点（サービス標準の設定、情報公開、関係者との協議、アクセスの利便性、公平性、失政の自己修正機能、資源の効果的活用、将来に向けた改善・改良の実践、他のサービス提供者との連携、利用者の満足度）から、各組織が申請する特定サービスについて審査し表彰する制度。2001年2月現在で2061の組織が受賞（うち自治体は878）。

品質マネジメントでは、政府はいくつかの手法を挙げてその導入目的を明らかにした上で、自治体のニーズ、たとえば、「顧客満足度を高めたい」、「職員満足を高めたい」などに即応した手法の導入を薦めている[24]（図表1-5）。ロンドン区のひとつルイシャム区（Lewisham LBC）では、「良質なサービス提供を目指したサービス・マネジメント手法の導入」を図るため、日本の行政経営品質賞に相当するビジネス・エクセレンス・モデル（Business Excellence Model. BXM）をサービス部門に導入、業績達成公約

集（Performance Promises）を住民に公表して、サービスの改善目標や住民ニーズへの対応策を明らかにしている。

　次に、業務見直しと業績指標による業績測定についてであるが、業務見直しとは、全サービスを5年間スケジュールで徹底的に評価する手法であり、施策単位ごとに深く掘り下げた検討を求めている。見直し対象となるプログラムの特定については、9つの観点〔公益性、公共的重要性、住民満足度、予算規模、他との業績比較、コスト、市場化の可能性、戦略的重要性、サービスの質の確保〕から各プログラムを5段階評価して、総合点の高いプログラムから業務見直しを始める。特に、初年度には、業績が悪い、コストがかかりすぎるなどの問題点や政策面の優先度が高い施策を選ぶことになる。

　つぎに、業務見直しの評価の視点は、4つ〔①チャレンジ性（Challenge）、②協議（Consult）、③比較（Compare）、④競争（Compete）．頭文字から「4C」と呼ばれる〕に整理されている。第1の「チャレンジ性」とは「本当に必要なサービスなのか、自治体がしなければならないのか、今の方法で目標の達成はできるのか、効率性を上げることはできないのか」と、サービスのあり方を問いかける。カナダ連邦政府の「歳出削減の6つのテスト（Programme Review Test）」に近いものである。第2の「協議」の視点とは、住民や他の自治体、民間企業などと十分に話し合っているかどうか、デジタルデバイドの解消努力や非英語圏生まれの住民などのコミュニケーション弱者の声を聞く努力をしているか、協議方法は目的に応じて選択しているかどうかなどを見直す。第3の「比較」の視点では、業績指標などの客観的な数値で自治体間比較、経年比較を行うこと、民間企業とのコスト比較を行うことが挙げられている。第4の「競争」の視点では、サービス提供方法の選択肢を模索することを要請している。選択肢には、外部委託や他の主体とのパートナーシップによる提供、競争入札などが挙げられている。

　バーミンガム市（Birmingham City）では導入初年度に、6つのテーマ（ブリストル市の「目的」にあたる）ごとに複数のプログラム、たとえば「テーマ1　学びのまち」では、「レジャー・文化サービス」、「教育現場における父母・児童生徒へのサポート」、「学校配置計画」を特定して2000年度の業務見直しを行った[25]。評価手法は、ユーザーへのアンケート、現地調査、

当事者へのインタビューなどであり、評価結果からみる限り、評価の目的は課題の洗い出しと改善策の検討に集中している。また、サザンプトン市（Southampton City）では、業務見直しを4つのカテゴリー〔サービス見直し、政策見直し、テーマ別見直し、サービス向上見直し〕に分類した[26]。「サービス見直し」の対象は個別サービスであり、主にコストとサービスレベルの適正さという視点で見直す。「政策見直し」では、各部局の重要政策を対象として、コストと成果の点から代替策との比較をする。「テーマ別見直し」では、部局横断的な分野について各部局の力をどのように結集してテーマに取り組むかを戦略的な視点で見直す。最後の「サービス向上見直し」とは、業績が振るわないサービス分野について業績向上の方策を探る視点から見直すものである。

さらに、業務見直しと並行して、BVでは毎年、全サービスの業績を指標により測定して達成目標との乖離をモニタリングすること、すなわち業績測定を義務づけている。そして、業績測定の結果、業務見直しの計画や前年度の結果、財務情報などを記載した書類が「業績計画」である。業績計画に記載すべき内容は、・政策体系、・サービスの現状／他自治体との比較／経年比較、・業務見直しの計画と前年度の見直し結果、・達成目標、・達成目標実現に向けた実行計画、・外部監査指摘事項への対応、・地域住民との協議結果、・財務情報などであり、まさに自治体の俯瞰図と言ってもよい。日本ならば、予算書、決算書、外部監査報告書、実施計画などをまとめた書類とでも言えるだろう。なお、業績を報告するためには、数値を掲載した膨大な資料だけでなく、見やすさを重視した「ダイジェスト版」を作成することも求められている。

5) BVにおける外部評価

英国の自治体における外部監査の歴史は古く、19世紀にまで遡る[27]。外部監査が発達した理由として、会議制[28]を採る英国の自治体では、行政権と立法権を握る議会の力が事務局に対して圧倒的に強いため内部監査の独立性確保が難しいことなどが考えられる。1982年には、外部監査を体系だって、

さらに政府から独立して行うために自治体監査委員会（Audit Commission）が設立された。自治体監査委員会は、1991年の市民憲章（Citizen's Charter）の要請を受けて、自治体の公共サービスを定量的に測定する業績指標（Performance Indicators）の作成とその一覧公表を進めてきている。そして、BVが導入されるに当って、各自治体のBVの取り組みについて外部から評価する役割を担うことになった。これが、BV監査とBV検査である。

まず、BV監査とは、毎年の業績計画を対象とする。評価の視点は、法令どおりに策定されているか、業績計画に記載されている事項において問題点はないかの2点である。BV監査で指摘された事項は、次に述べるBV検査における検査事項となる。初年度の監査結果は2000年10月に「ベストバリュー監査報告書」として公表されたが、それによると、「74％の自治体の業績計画は『全く問題なし』、20％の自治体は『技術的修正という条件付で承認する』、となっており、残りの6％が大幅な改善が必要と指摘されつつも、導入初年度であることから翌年度の修正を条件に承認」ということであった[29]。

次に、BV検査とは、全サービスを5年間で一巡するように徹底的に調査するもので、検査人（inspector）[30]が行う。「5年間」と「徹底的に」というキーワードからもわかるように、「業務見直し」に対応したものである。通常は、業務見直しのスケジュールにしたがって、見直しの終了後にBV検査が行われる。ただし、通常の外部監査やBV監査において、監査人からBV検査の要請がある場合、政府の重要施策について一斉に検査をする場合などもある。サービス提供現場に実地調査したり、独自にユーザー調査をしたりする。したがって、検査に要する時間は、1件あたり1日〜20日程度とされている。

BV監査とBV検査の違いは、BV監査が合規性チェックや問題点の発見であるのに対して、BV検査ではフォローアップに検査時間の15％をかけること、さらに、自治体職員と検査人とがともに業務の改善に向けて検討すること、模範事例を発掘して全国に知らしめることなどがその目的の中に入っている点であろう[31]。

このような検査の方針からも明らかなように、検査は現状だけでなく「将来」に目を向けたものであるため、検査結果の報告は以下の2点に着目したものとなる。第1に、検査したサービスのレベルがどの程度であるか（現状）

を3段階の星印で表す（★★★が最良（Excellent）、以下★★（良：Good）、★（普通：Fair）、なし（劣る：Poor））。第2に、自治体のサービス改善がさらに望めるか（改善可能性）を、YesかNoで表す。実際には現状を横軸に、改善可能性を縦軸にとった2次元のグラフ上にプロットすることになる。この総括図に続いて、対象サービスのよい点、改善すべき点、その改善案が示される。

6) 国による介入権 —— BVにおける政府間関係

BVに期待を寄せていた自治体関係者を失望させたのが、失策等に対する国の介入権を留保したことであった。もともとブレア政権は、サービス・レベルの低い自治体について厳しい態度で臨むことを表明していた。したがって、自治体改革の目玉施策であるBVにおいて、サービス・レベルが低く向上の努力が見られない自治体に強い態度で臨むのは当然な流れかもしれない。具体的に、BVでは、法律で国の介入権行使を定め、その態様について、導入前に国の担当省と自治体の代表機関との間で申し合わせを行っている[32]。

国が介入するには、明確な証拠によることを必要とする。その証拠としては、通常の外部監査、BV監査、BV検査、オンブズマンによる査察や司法当局による発見などである。介入事由としては、サービスの本質的な失策（Failure of substance）とサービス供給上の手続的な失策（Failure of process）の2つに分類している。本質的な失策はひとつでも該当すると介入権が行使され、手続き的なものはその重篤さに応じて行使するかどうかが決まる。本質的な失策に該当する例としては、「国の決める達成水準に至らなかった場合」、「質が特に高いとかニーズが大きいなどの正当な理由なくコストが著しく高い場合」、「サービス水準が低いとか低下しているにも関わらず向上努力を怠った場合」、「検査報告書の指摘事項について是正措置をとらなかった場合」である。手続き的な失策には、サービス実績に関する情報の誤謬や達成目標の設定に合理性を欠く場合などが挙げられている。また、介入権行使の態様は、失策の重篤さと緊急度に応じて次のようなバリエーショ

ンがある。「供給方法についてコンサルティングを受けさせる」、「業務見直しをやり直させる」、「競争入札にかけさせる」、「第三者(他自治体、民間企業等)に移譲・委任させる」などである。

なお、国による是正措置はBV導入以前からあった。BVでは、「住民の利益を擁護するため」に、介入事由をかなり広く規定していることと、立証にあたっては「確信するに足る(satisfied)[33]説得力のある(cogent)」根拠を求めていることの2点がこれまでにない要素である。

6 包括的業績評価(Comprehensive Performance Assessment: CPA)

2001年12月のホワイトペーパー「地域リーダーシップの強化と公共サービスの高品質化(Strong Local Leadership – Quality Public Services)」で政府が提示した自治体の格付システムを受けて、自治体監査委員会(Audit Commission)では、「包括的業績評価制度(Comprehensive Performance Assessment: CPA)」を導入した。

CPAの効果として、最高位に位置づけられた自治体には、政府補助金の中で特定財源をできる限り一般補助金にかえて交付するほか、規制を撤廃していくなど、自治体の裁量権を拡大することとしている。一方で、最低位に位置づけられた自治体には、一般補助金を特定補助金に振り替え、規制を厳しくしていくなど、当該自治体の裁量権を制限することになる。

CPAでは、以下の3段階を経て、自治体の格付が進められる。

1) 第1段階:評価段階

① 業績指標やベストバリュー検査、各種サービス評価による業績評価
ベストバリュー業績指標やベストバリュー検査に加えて、教育検査局や社会福祉検査局による評価が、教育、社会福祉、環境、図書館・レジャー、住宅、助成金の6つの項目で行われる。

② 外部監査官による自治体の財務及び業績管理に関する監査

外部監査官（District Auditor）による従来の財務監査結果をもとにして、資本支出に関する各種計画、すなわち、資産管理計画や資本戦略に対する各種情報を付加した評価が行われる。

③　業績改善能力に関する共同評価

①と②がベストバリュー制度で導入された制度（①）、あるいは、ベストバリュー制度以前から行われていた制度（②）であるのに対し、業績改善能力に関する共同評価は、自治体による自己評価に基づいて、自治体監査委員会の主導によるチームによって、自治体の改善能力やガバナンスを評価するものである。このチームには、他の地方自治体から派遣された幹部職員を地方議員も含まれており、いわゆる「ピア・レビュー」の意義も持っている。

2) 第2段階：スコア化段階

上記（1）の①から③に基づいて、各自治体をスコア化を行う段階である。その内容は、サービス業績評価と改善能力評価の分けられる。

①　サービス業績評価

教育、社会福祉については、図表1-6の点数表に基づいて、各検査局の評価を換算することになる。

図表1-6　教育および社会福祉分野の点数換算表

点数	教育	社　会　福　祉
1	星なし	Not serving people well
2	1ツ星	Serving some people well
3	2ツ星	Serving most people well
4	3ツ星	Serving people well

助成金検査局の評価結果は、図表1-7のようにスコア化される。

図表1-7　助成金分野の点数換算表

業績水準達成度	点数
80%以上	4
60〜79%	3
40〜59%	2
39%以下	1

　これらに加えて、環境、住宅、財政、図書館・レジャーが点数化され、最後に、政府の優先政策に連動させるために、図表1-8の乗数がかけられて最終的な点数となる。乗数には、教育と社会福祉の4から助成金、財政、図書館・レジャーの1まで4倍の開きがあるので、スコアには最高点で16点から4点の開きが生ずることになる。

図表1-8　各サービスの乗数とスコア

項目	乗数	最小スコア	最大スコア
教　　　　育	4	4	16
社　会　福　祉	4	4	16
環　　　　境	2	2	8
住　　　　宅	2	2	8
助　　成　　金	1	1	4
財　　　　政	1	1	4
図書館・レジャー	1	1	4

※住宅、助成金については、カウンティはスコア化されないことになる。

　最後に、以下の図表1-9から1-11に基づいて、サービス業績評価の総合評価が示されることになる。

図表1-9　サービス業績評価の総合評価

総合評価	一層制自治体及びロンドン区	カウンティ
1	30点未満	24点未満
2	30〜37点	24〜29点
3	38〜45点	30〜36点
4	46点以上	37点以上

② 改善能力評価

改善能力評価のスコア化は、第1段階のチームによる共同評価結果をもとに行われることになる。評価項目は9つあり、それぞれ、乗率、最小スコア、最大スコアは以下のとおりである。

図表1-10　改善能力評価の乗数とスコア

評価項目	乗数	最小スコア	最大スコア
意欲（Ambition）	1	1	4
焦点（Focus）	1	1	4
優先性（Priotisation）	1	1	4
能力（Capacity）	1	1	4
業績管理（Performance Management）	1	1	4
業績改善（Improvement Achieved）	3	3	12
投資（Investment）	2	2	8
学習（Learning）	1	1	4
将来の計画（Future Plan）	1	1	4

以上に基づいた②改善能力評価の総合評価は、以下のとおりである。

図表1-11　改善能力評価の総合評価

総合評価	総合得点
1	23点未満
2	24～31点
3	32～39点
4	40点以上

3）第3段階：最終評価の決定

最終評価は、サービス業績評価と改善能力評価の2つの総合評価のクロスから、図表1-12のとおり、5段階［Excellent（最良）、Good（良）、Fair（普通）、Weak（やや劣る）、Poor（劣る）］に決定されることになる。

図表1-12　最終評価

		サービス業績評価スコア			
		1	2	3	4
改善能力スコア	1	Poor	Poor	Weak	−
	2	Poor	Weak	Fair	Excellent
	3	Weak	Fair	Good	Excellent
	4	−	Good	Excellent	Excellent

なお、CPAの現状と詳細については第2章で解説されている。

【注】

1) ウエストミンスター国会の機能などについては次のURLを参照。
www.parliament.gov.uk
2) 分権化後のスコットランド議会に関して、その歴史や機能については次のURLを参照。
www.scottish.parliament.uk および www.scottishexecutive.gov.uk
3) ウェールズ協議会の歴史などについては、次のURLを参照。
www.wales.gov.uk
4) 北アイルランドに関する情報は、次のURLを参照。
www.northernireland.gov.uk
5) イングランドの自治体の構造については、以下のURLを参照。
www.direct.gov.uk および www.local.gov.uk
6) 保守党政権末期に、従来は5つの省庁が所管する20の地域再生補助金を統合した。そして、個々の補助金で終期を迎えたものについては更新せずに財源をプールして、そのプール財源を入札によって競わせることにした。落札の条件は民間部門等とのパートナーシップがどの程度図られているかということである。労働党政権はこの制度を受け継ぎ、さらに発展させて、単一補助金（Single Budget）とした。
7) Local Government Act 1988。この改正に含まれなかった管理部門（人事、財政など）も1992年の法律改正で（Local Government Act 1992）でCCTの導入が予定されたが、自治体側からの強い反発を受けて実務的に進めることなく、政権交代となっている。
8) CCTのコスト削減効果に関する実証研究は多い。たとえば、ごみ収集経費では、約20％の経費削減が見られたとしている（The Institute for Fiscal

Studies. *The Impact of CCT on refuse collection.* 1996)。
9) CCTでは、公共部門が落札しても当該部局は「直営現業・サービス部門 (Direct Labour/Service Organisation)」として独立して、発生主義会計によって一定の利益を出すことが求められ、公共部門内での契約当事者となった。
10) 英国のPFIに関する文献は多い。以下の文献を参照。福島直樹『英国におけるPFIの現状　資金調達・建設・管理の総合マネジメント』日刊工業新聞社、1999年。稲澤克祐「イギリスのPFIについて」『国際文化研修第34号』全国市町村国際文化研修所、2002年。
11) 落札の決定権を握る政府の着眼点は、「SRB入札のためのガイダンス(DETR. *Single Regeneration Budget Bidding Guidance: A Guide for Partnership. Round 6.* 1999)」の記述をまとめてみると、・民間セクターからの獲得資金、・期待される投資効果、・予想されるリスク、・事業目的の明確性と達成のための戦略性などとなっている。
12) 単一予算とは、地域開発公社が所管している事業費をさらに統合して同公社の裁量の自由度を一層高める制度である。地域開発公社および単一予算については、次の文献を参照。(財)自治体国際化協会クレアレポート第223号『イングランドにおける権限委譲に向けた動き』2002年。
13) 本節は、以下の拙稿を大幅に加筆修正したものである。
　・稲澤克祐『英国ベストバリュー施策と行政評価制度』、PHP総合研究所公共経営研究センター、2001年。
　・稲澤克祐「英国ブレア政権の自治体改革　――ベストバリュー施策の動向」『都市問題研究第54巻第4号』、2002年。
14) Department of Environment, Transport and Regions (以下「DETR」) (1999). Press Release, 12 Jan.1998. para7.1.　DETR (環境・交通・地域省) が自治体の行財政制度改革の所管省。DETRは、2001年度に、DTLR (Department of Transport, Local government and Regions.　交通・地方政府・地域省) に改称・改組されている。
15) Department of Environment, Transport and Regions (1998) *White Paper. Modern Local Government In Touch with the People paras.* 7.3
16) BVは白書(前注)でその導入を決定するのと並行して、試行的に取り組む自治体を公募した。37自治体が試行自治体として決定して1998年4月から2年間の試行を進める中、1999年12月に「1999年地方政府法(Local Government Act 1999)」の中に、フレームが盛り込まれた。
17) 1982年に設立された独立外部監査機関。自治体とNHS (国民保健サービス) の外部監査を担当するほか、業績指標の設定や公表も行う。BVでは、業績指標設定、BV監査、BV検査などを行い、施策推進の中核を担う組織である。

18) Audit Commission (2001). *Changing gear best value annual statement* 2001.
19) 英国の自治体は、歳出額と地方税とが連動している（1980-2000年にかけて存在した国による歳出予算抑制：キャッピングの期間を除く）。すなわち、自治体サービスのレベルを上げようとすれば地方税率も高く設定され、逆に地方税率を低く設定しようとすればサービス・レベルを抑えることになる。しがたって、自治体間のサービス・レベルには大きな開きがある。たとえば、「75歳以上高齢者で自治体の支援を自宅又は施設で受けている者の割合」という社会福祉指標について、ロンドン区の最高値が31.5％、最低値が6.9％となっている。「65歳以下の学習遅延者で自治体の支援を自宅又は施設で受けている者の割合」では、ロンドン区の最高値が68.6％、最低値が2.6％となっており、30倍近い開きが生じている（George Boyne. *"Comparing the Performance of Local Authorities: An Evaluation of the Audit Commission Indicators"*. pp29-31. LOCAL GOVERNMENT STUDIES. Vol. 23. No. 4 1997）。
20) 国が一方的に個別自治体の地方税率の上限を決めてしまうキャッピング（capping）制度が存在していた期間(1980-1999年度)は、この例外であろう。
21) 古川は米国の公共部門評価の動向について「戦略経営と行政評価の親和性」を指摘する〔古川俊一・北大路信郷『公共部門評価の理論と実際』, 2001, p.35〕。英国でも同様であることがBVのフレームからも理解できる。
22) 監査委員会が通常行っている外部監査と区別するために「BV監査」と呼んでいるが、BV監査を実施するのは、従来の「外部監査人（external auditor）」である。
23) Local Government Act 1999 § 6 (2).
24) DETR. *Guide to Quality Schemes and Best Value*. 2001.
25) Birmingham City Council. *Birmingham Best Value performance plan*. 2001.
26) DETR. *Best Value Performance Plans: Practice and Procedures*. 1999. paras7.6.
27) 自治体国際化協会クレアレポート183号『英国の外部監査制度と監査委員会』1999年。
28) 公選の首長が行政権のトップに立つのが「大統領制」、議会の信認を受けた者（内閣）が行政権を掌握するのが「議院内閣制」、議会が行政権も掌握するのが「会議制」である。
29) Audit Commission. *Step in the Right Direction*, A. 2000.
30) BV検査のために設けられた職種。なお、教育や警察、消防という特殊な分野では個別の監査団体（教育監査局、警察監査局、消防監査局、補助金監査局、住宅監査局）が監査を行ってきたが、これらの個別監査団体およ

び監査委員会の間で情報の交換・手法の開発を進めるため、BV 検査の導入を機に、「BV 検査フォーラム（BV Inspectorate Forum）」が設立された。

31) Audit Commission. *Seeing is Believing. How the Audit Commission will carry out best value inspection in England.* 1999.
32) 国の介入権行使については、地方行財政担当省である環境・交通・地域省（DETR：当時）と自治体の代表機関である地方政府協議会（LGA）との間で、BV 導入前の 1999 年に合意文書が交わされている（DETR. Protocol on Intervention Powers. 1999）。
33) CCT の例では、国が介入するのに「自治体側の入札妨害行為があると思われる」とある。なお、英国では、国の決定／処分について自治体が訴訟を起こす例は日本に比べてはるかに多い。

第2章 英国地方自治体のランキング
——自治体監査委員会による競争環境の整備

1 素敵な裏切り

「皆さんをお迎えできて興奮しています。ロンドン初めての方は何人いますか。どうですか、印象は。良いですか。ありがとう。では食事は」。
「美味しいのもあるけど、そうではないのもありますね」。
「そう言うと思いました!」

いきなり冗談で場を和ませてくれたのはジョナサン゠スウェイン (Jonathan Swain) さん。その隣には、もう一人のプレゼンターであるシャロン゠ロングワース (Sharon Longworth) さん、そして同僚の人たちが並んで温かな眼差しを送ってくれている。

今日 (2006年3月9日) の訪問先は自治体監査委員会。その名前から、しかめ面の監査官みたいな人たちを想像していたが、その予感は素敵な笑顔の出迎えで見事に裏切られた。

自治体監査委員会は、1982年地方財政法 (Local Government Finance Act 1982) によって設置された独立機関としてイングランド地方の地方自治体の監査を担当しているほか、包括的業績評価制度 (Comprehensive Performance Assessment: CPA) についての実務的な制度運営を行っている (制度の骨子や導入を定めるのは副首相府である)。自治体監査委員会の職員数は約2,200人、年間予算は約1億5000万〜2億ポンド (約350〜450億円)、主な収入源は自治体監査業務による手数料収入だ。イングランド以

外の地方はスコットランド監査局（Audit Scotland）、北アイルランド監査事務局（The Northern Ireland Audit Office）、ウェールズ監査事務局（Wales Audit Office）が担当しており、国会および国の省庁の監査は国家監査事務局（National Audit Office）が行っている。地方自治体が提供するサービスの質、コスト、それに改善能力を、自治体監査委員会という外部検査機関によって評価するのがイギリスの特徴だ。

2　英国の地方自治

　ジョナサンの話は、地方自治の歴史・構造から始まった。
　「最初にイングランド地方における地方自治についてお話しします。その歴史は900年。網羅して話すと本当は1年間かけても足りませんが、今日は45分で話しますね。CPAについての詳細は後ほどシャロンから説明します。
　イギリスは産業革命を19世紀初頭に経験しました。人口の爆発的増加がありましたが、その後の100年間はほとんど何の動きもありませんでした。20世紀の中頃には福祉国家を目指す改革が行われましたが、中央政府にとって福祉は非常に経費のかかるものになりました。そこで60年代以降、長い時間をかけて改革が行われてきたわけです。更に70年代から80年代にかけて構造改革が行われましたが、79年のサッチャー内閣の登場が地方自治にとっては大きな変化となっています。
　さて、ロンドンの人口は今だいたい800万人くらいですね。33の自治区に分かれていて、各自地区の人口は25万人ずつくらいです。ロンドン市長の名前はケン＝リビングストン（Ken Livingstone）といいますが、聞いたことある人はいますか。なるほど、じゃあ日本でも有名なんですね。ロンドン市長の権限は、ニューヨークやシカゴや日本の市長と違って限りがあります。つまり、交通機関・経済振興・都市開発に市長権限は限られていて、その他の機能のほとんどは自治体が行っています。
　ロンドン以外は、カウンティ（都道府県レベル）に分かれています。ちなみにロンドンの南のほうのカウンティでケントというところがありますが、

ここはイングランドの庭といわれるほど風光明媚なところで200万人の人口を持っています。カウンティの下にディストリクト（市町村レベル）があるのですが、これはだいだい人口が12万くらいで、権限も限られています。また歴史的な話にもなるのですが、その下にさらにパリッシュといわれる昔の教区、教会の教区の自治単位があります。村サイズですね。イングランド地方の自治体の構造が非常に複雑なのはミックスした形態であるから、というのを理解していただきたくてお話ししました。政治的な意味合いからも、この自治体構造のあり方は大切です」。

彼が言うように、イングランドにおける地方自治体の構造は複雑である（図表2-1）。英国に行けば自治体のすべての形態を見ることができるといわれるほどだ。

イングランドの自治体構造は、日本でいえば都道府県と市町村の仕事を一手に担う「一層制」が特徴である（なお、ロンドン区は東京都の特別区に相

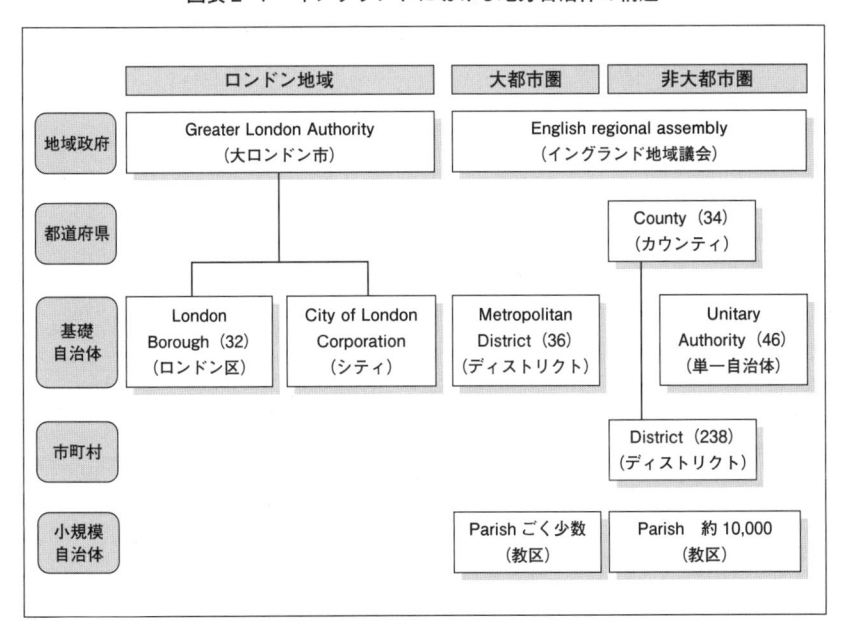

図表2-1　イングランドにおける地方自治体の構造

	ロンドン地域	大都市圏	非大都市圏
地域政府	Greater London Authority（大ロンドン市）	English regional assembly（イングランド地域議会）	
都道府県			County (34)（カウンティ）
基礎自治体	London Borough (32)（ロンドン区） / City of London Corporation（シティ）	Metropolitan District (36)（ディストリクト）	Unitary Authority (46)（単一自治体）
市町村			District (238)（ディストリクト）
小規模自治体		Parish ごく少数（教区）	Parish 約10,000（教区）

（出所）　監査法人トーマツ著『新行政経営マニュアル』清文社、2004年、8頁を一部修正

当)。1990年代前半から二層制(都道府県と市町村の並存)から一層制に移行しつつあるが、まだ完全ではなく、現在では以下の3種類の自治体が混在している。

① カウンティ内の全ディストリクトがユニタリーとして再編された地域
② 従来どおりカウンティとディストリクトの二層制が並存している地域
③ カウンティ内の一部ディストリクトのみがユニタリーとなり、他の地区については二層制が存続している地域

また、日本の都道府県と市町村との関係が重畳的に業務を執行する形態であるのに対して、英国では二層制でも、カウンティとディストリクトは、業務が重なっていない(図表2-2)。

図表2-2 英国自治体の機能

	ロンドン地域			大都市圏	非大都市圏			警察・消防
	大ロンドン市	ロンドン区	シティ	ディストリクト	カウンティ	ディストリクト	単一自治体	
教育		○	○	○	○		○	
社会福祉		○	○	○	○		○	
都市計画	○	○	○	○	○		○	
道路維持		○	○	○	○		○	
住宅		○	○	○		○	○	
建築申請		○	○	○		○	○	
廃棄物収集		○	○	○		○	○	
廃棄物処理	○	○	○	○	○		○	
公共交通	○							
警察	○		○					○
消防	○							○
図書館		○		○		○	○	
レジャー・レクリエーション		○	○	○		○	○	
環境・保健衛生		○		○		○	○	

(出所)(財)自治体国際化協会『英国の地方政府改革の系譜』2006年、7頁を一部修正

このような自治体機能のあり方が、実はCPAの論点と関わってくる。ブレア労働党政権が1997年に掲げたマニュフェストでは、教育・福祉などが

重要施策とされたが、これらの施策は前図のとおり、自治体の所管事項だ。つまり、各施策分野における自治体の業績如何が、マニュフェストの成否に関わってくるため、さまざまな政策誘導が必要となる。その誘導手段としての代表的なものが、後述の「ベストバリュー（Best Value: BV）」であり、その発展形ともいえる「CPA」である。BVやCPAは、「行政サービスの見直しの視点が、コスト重視から質重視へと転換されてきた」という事務事業再構築の文脈で語られることが多いが、政治的文脈で理解するならば、「政策誘導の道具」ともいえるだろう。

3　英国自治体における行政経営改革手法の変遷

　ジョナサンの話に戻ろう。
「自治体監査委員会でよく使う言葉がバリューフォーマネー（Value for Money: VFM）です。日本の自治体で似たような言葉はありますか」。
「日本の地方自治法第2条にあるのですが、みなあまり知りません」。
「まあ、そんな感じですよね。80年代に浮上してきた考えというのが、こうしたさまざまなサービスを自治体が提供するのではなくて、自治体はそれを委託していこうというものでした。たとえば、ゴミの回収などを民間に委託するわけです。
　ブレア首相の時代になって、こういった民営化・民間委託などに焦点を置くのはちょっと少なくして、BVという概念を導入しました。BV業績指標（Best Value Performance Indicators：BVPI）は、監査をする側の私たちはとっても気に入っているんですが、監査を受ける側の自治体の方には非常に不評です。指標の数も多く、例えばケント県では政府にBVPIを提出する件数が1,200件にのぼります。しかし、改善を促すという意味で、指標は非常にいいものだと思っています。ただ、BVがどういうものであるかという基本的な意味を忘れてはいけないと思います。『住民に対して提供するサービスは最高の金銭的効率性を達成しなければいけない』というのがBVの概念ですね。このBVが大切にしている『4つのC』があります。Challenge（挑

戦）、Compare（比較）、Consult（協議）、Compete（競争）です。以前ほどじゃないですけど、いまでもBVは健在です。そしてCPAの誕生となったわけですが、1999年地方自治法のなかで、地方自治体は継続して改善を続けなければならないということが明記されました。それとともに自治体監査委員会のほうも、地方自治体の業績を評価し報告する法的な義務を負うことになりました。

　皆さんせっかく遠くからいらしているので、既存の文献で分かるようなことはさておき、新しいことについてお話しようと思います。現在、政府とわれわれのパートナー組織のほうで、CPA改革を考えています。2008年頃で現行のCPAが終了するので、つぎの段階の業績管理制度を現在検討しているところです。白書が議会に提出される予定ですが、将来的な政策を謳っているものです。この白書では、地方自治体の財源、それから自治体の構造的なことと業績メカニズムを扱う予定です。市民の立場からすれば、ここにはいくつかの論点があると思います。まずサービスの選択肢を増やしてもらうこと、それからサービスの品質ですね。消費社会が非常に発達している現代のことですから、一般の人としては自分が選択できるサービスに幅がほしいと思います。もう一つ問題なのは、一般の人に参加してもらうのが難しいこと。日本でも同じような問題があると聞きました。自治体運営についての住民参加が難しいということです。あとイングランド地方の議会議員はほとんどがパートタイムで勤務しています。つまり、ほかに職を持っていてさらに議員として働いている場合が多いので、なかなか地方議員のなり手が少ないという問題になっています。しかし公選市長も誕生しましたので、だんだん変わりつつあるといえるでしょう。議員を専任するということもあるかもしれませんが、いまだに50年くらい前の構図が生きています。以上、私のほうからは過去900年間の地方自治の歴史についてお話ししました」。

　ここに、英国行革を語るさまざまなキーワードが一気に出てきた。時系列に沿って簡単に整理しようと思うが、根底を一貫して流れる哲学はVFMだ。1980年代初頭から進められたイギリスの行革目的として据えられた言葉が「VFMの向上」だが、VFMは、「支払われた税金に対して最も価値あるサービスを提供する」ということであり、納税者からみれば「税金の払い甲斐の

あるサービスを提供する」こと。ジョナサンの言葉を借りれば、「まあ、イギリス人なら誰でも疑問に思うことを私も疑問に思います。つまり、この支払ったお金でいったい私は何を得るのだろう」ということだ。

1) 1980年：強制競争入札の導入

　ジョナサンが「80年代に浮上してきた考えというのが、こうしたさまざまなサービスを自治体が提供するのではなくて」と言っているのは、サッチャー改革が背景にある。

　サッチャー首相は徹底的に「小さな政府」を志向したが、それを代表する行革手法が1980年に導入された強制競争入札（Compulsory Competitive Tendering: CCT）だ。地方自治体が提供する一定のサービスについて、官民競争入札を義務づけ、行政側が落札できなければ当該部局が廃止になるというものである。コスト削減が主な目的だったが、「コスト偏重によるサービス低下」「国からの強制に対する地方の反発」「行政と民間が敵対関係に陥った」ことなどにより、CCTはうまく機能しなかった。こうした「価格重視」への反省を踏まえながら、市民憲章が生まれることになる。

2) 1991年：市民憲章

　同年の白書「市民憲章（White paper: Citizen's Charter）」では、公共サービスの提供に際して、サービスの質を重視する方向へ転換すべきと提案されている。市民憲章は、国民を公共サービスの顧客として位置づけ、「顧客ならば、提供を受けるサービスの質を客観的に示され、その質が支払った税金に見合うレベルでなければならない」という考え方に立脚する。この流れを受けてイギリス自治体では、統一の指標によってサービスの質を測定し公表する義務が課せられるようになるのだが、その具体的な現れが、BVと、その発展形であるCPAである。

3) 2000年：BV の導入

　1997年にブレア政権が誕生し、その後導入されたのが BV 制度だ。1999年地方自治法は、第1章「ベスト・バリュー」のなかで、「地方自治体は、自らの持つ機能を果たしていくに当って、より経済性と効率を上げ、大きな成果が望めるよう、必要な施策を講じ、継続的な改善を保証しなければならない」と規定しており、ここで記述されている「経済性・効率・効果（VFM を評価する3つの視点）における目指すべき最高の水準」が BV である。BV の達成は 2000 年4月に法定義務として効力を発してから現在に至るまで地方自治体のサービス提供における基本となっている。

　BV の枠組みでは、地方自治体が地域戦略および BV 実行計画を策定し、業務を見直し、外部検査を受けるといった一連のサイクルを回すことが義務づけられている（図表2-3）。

4) 2002年：CPA の導入

　BV でサービス水準の向上を図る仕組みを構築したものの、いろいろ問題点が見えてきた。BV の枠組みは個別のサービスの良し悪しに着目して設計されたため、同じ地方自治体内でもサービス分野によっては業績にばらつきが見られた。また、そもそも個々のサービス水準を云々したところで、その自治体に「サービスを良くしよう」という意欲・方針や、方針展開の仕組み、経営資源投入の優先順位づけ、住民ニーズ把握の仕組みなどがなければ、自治体のサービス全体の質を向上させることは難しい。これはとりもなおさず、自治体のコーポレートガバナンス（組織経営）の問題だ。

　このように、部分としての個々のサービスだけではなく、組織全体を包括的に評価する必要性から誕生したのが、包括的業績評価制度（CPA）である。2002年に導入された CPA を、正確ではないが単純に数式化すれば、つぎのようになる。

図表2-3　BVの枠組み

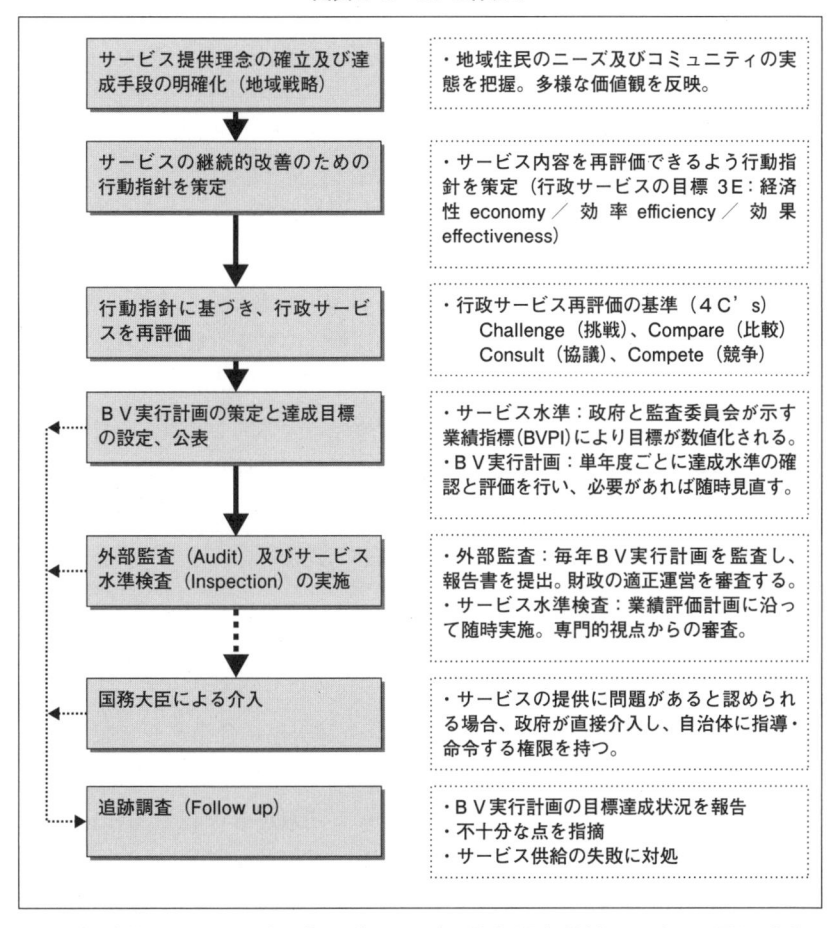

サービス提供理念の確立及び達成手段の明確化（地域戦略）	・地域住民のニーズ及びコミュニティの実態を把握。多様な価値観を反映。
サービスの継続的改善のための行動指針を策定	・サービス内容を再評価できるよう行動指針を策定（行政サービスの目標 3E：経済性 economy／効率 efficiency／効果 effectiveness）
行動指針に基づき、行政サービスを再評価	・行政サービス再評価の基準（4C's）Challenge（挑戦）、Compare（比較）Consult（協議）、Compete（競争）
ＢＶ実行計画の策定と達成目標の設定、公表	・サービス水準：政府と監査委員会が示す業績指標(BVPI)により目標が数値化される。 ・ＢＶ実行計画：単年度ごとに達成水準の確認と評価を行い、必要があれば随時見直す。
外部監査（Audit）及びサービス水準検査（Inspection）の実施	・外部監査：毎年ＢＶ実行計画を監査し、報告書を提出。財政の適正運営を審査する。 ・サービス水準検査：業績評価計画に沿って随時実施。専門的視点からの審査。
国務大臣による介入	・サービスの提供に問題があると認められる場合、政府が直接介入し、自治体に指導・命令する権限を持つ。
追跡調査（Follow up）	・ＢＶ実行計画の目標達成状況を報告 ・不十分な点を指摘 ・サービス供給の失敗に対処

（出所）（財）自治体国際化協会『イングランドの包括的業績評価制度』2006年、83頁を一部修正

（BVによる個別サービス評価）＋（経営能力評価）＝ CPA

　ただ、このCPAも導入してから3年が経過し、「地域ニーズと国の優先施策の齟齬の調整」など、さまざまな解決すべき課題が出てきており、ジョナサンが「いまCPA改革を考えています」と語っているのは、そういった趣旨を踏まえてのことだ。

彼は冒頭の約束どおり、900年にわたる英国地方自治と、行政経営改革の変遷について、1年以上かかるところを45分で綺麗にまとめた。
「では、何か質問はありますか」。
「指標が地方自治体に不評だという状況をいかに改善しますか」。
「そういった自治体の心情が変わるためには、まず自治体のほうで自分たちの業績指標をつくっていくこと、自分たちが持っていないような情報に関する業績指標は作らないといったことが必要です。私はもともと自治体に勤めていました。クロイドンという自治体で2年間勤務したときに、BVPIを含む業績システムをつくり上げ、そのなかに地元の要素も取り入れた指標も付け加えました。CPAの運用について、自治体側で単にボックスに印をつけるだけのこととして捉えてほしくないですし、全体的な業績をみてほしいと思っています。また、私たちから自治体にBVPIを押し付けているわけではないのです。自治体と各BVPIの適否について協議してから運用しますので、その協議の際に、自治体のほうで異論があれば『これは違う』とすぐに返事がかえってきますよ」。
「住民参加の困難さを、どのように解決しようとされていますか」。
「一例では、地方議員の問題があります。ほかに仕事を持っている人が議員をするケースが多いので、たとえば若い人は昼間に仕事をして夜にミーティングに出てというようなことは、なかなか難しくなりますよね。そういったレベルの理由で議員のなり手がいないという問題があります。ただ変わりつつあって、最近では内閣式をとっているところが多いですから、これは正規の給料が出るんですね。フルタイムの給料が出るので、その部分ではだんだん変わりつつあります。ただ、イギリスの政治、社会の性質ということもあると思います。政治に関心が薄いのです。地方自治体ってあんまり面白くないわけですね。どこかにパーティにいって、あんまりこの人とは話がしたくないなと思うときに効果がある方法を私は知っています。自治体で働いているとか、自治体監査委員会で働いているって言えば、たいてい逃げていきますから。とりあえず、私からはここまでです。お茶の時間にしましょう」。

4　CPAのフレームワーク

　ジョナサンからバトンタッチを受けて、われわれにCPAを説明してくれるのは、ちょっとはにかんだ笑顔の素敵な女性、シャロン＝ロングワースさんだ。
　「シャロンです。まず私、早口なもんで、ゆっくり喋らないと……。
　CPAはとても専門用語が多くて、イギリス人と話をしていても分かってもらえないことが多いんですね。さきほど自治体の形態、それからサービスの概要についてジョナサンから話がありました。CPAはこういったサービスやさまざまな自治体に当てはまるように開発されたものです。2002年にCPAは導入されていますが、各自治体の業績をどのように測定し、測定結果をどのように報告しているかを簡単にご説明したいと思います。さきほどのプレゼンにもありましたが、すべての自治体は改善を継続的に行うこととされています。一方で自治体監査委員会のほうは、各自治体の業績を測定し比較し報告する義務を負っています。CPAはそのためのツールですが、2005年、私たちが監査した自治体の70％が改善を示しました。CPAがあまり気に入らないという自治体もありますが、こうした改善の機動力となっていることは認めていると思います。
　CPAは包括的業績評価の略ですが、その名の示すとおり地方自治体の広範なサービスを包括的に評価するものです。サービスは、その一部分を一つの観点だけから評価すべきものではありません。自治体監査委員会は、サービス水準検査官の意見や、業績情報の分析結果、他の検査局からの情報などをすべて網羅しています。これらによってサービス業績の全体像がつかめるんですね。自治体が改善するに際して、弱点がどこにあるのか、目標をどこに定めたらいいのかが明らかになります。
　つぎの図はちょっと複雑なんですが、CPAを簡単に図解しています。これは、一層制あるいはカウンティに当てはまるものです。予算規模も大きくて広範なサービスを提供している自治体ですね。3つの重要な要素がありま

図表 2-4 2005 年の CPA フレームワーク（一層制およびカウンティ向け）

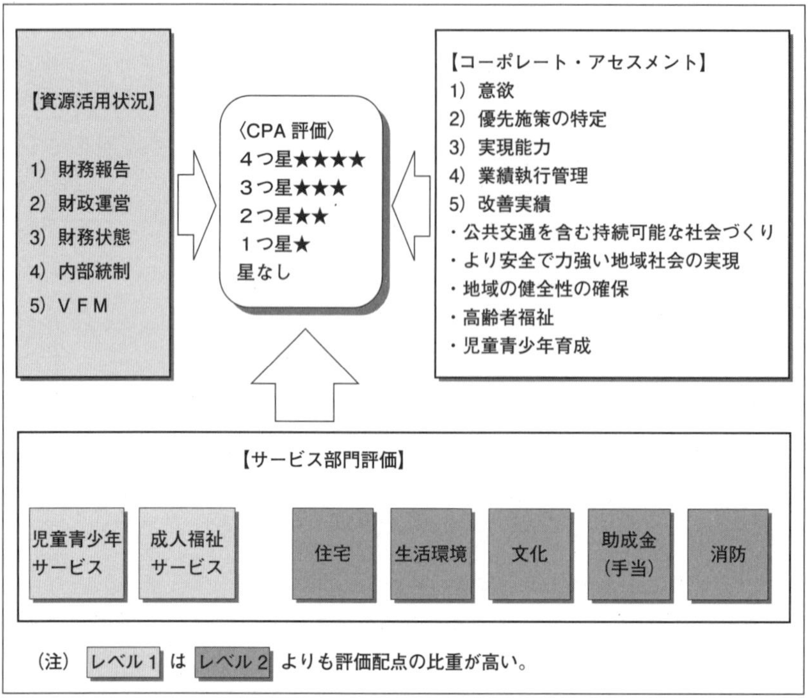

【資源活用状況】

1) 財務報告
2) 財政運営
3) 財務状態
4) 内部統制
5) ＶＦＭ

〈CPA 評価〉
4つ星★★★★
3つ星★★★
2つ星★★
1つ星★
星なし

【コーポレート・アセスメント】
1) 意欲
2) 優先施策の特定
3) 実現能力
4) 業績執行管理
5) 改善実績
・公共交通を含む持続可能な社会づくり
・より安全で力強い地域社会の実現
・地域の健全性の確保
・高齢者福祉
・児童青少年育成

【サービス部門評価】

児童青少年サービス｜成人福祉サービス｜住宅｜生活環境｜文化｜助成金（手当）｜消防

（注）レベル1 は レベル2 よりも評価配点の比重が高い。

出所：Audit Commission 配布の説明資料より抜粋

す」。と説明しながら彼女が指し示したのが図表2-4である。

「左側が自治体資源の活用状況で、どのように財政が管理されているかを示しています。一番下にあるのがサービスそのものの評価です。右側にあるのがコーポレート・アセスメント（自治体評価）です。つまり自治体の経営能力をみていくものですね。以下、順に説明していきましょう。

1) 資源活用状況

　これは年に1度の評価になります。監査委員会の監査官によって行われます。自治体の財政報告や会計、また財政をどのように計画・管理しているか、準備金が無い場合にどのような安全措置をとっているのか、顕著なビジネス

リスクにどのように対応・管理しているのか、といったことを評価します。そして資源の活用状況の評価に際して、ますます重要視されているのがVFM（バリューフォーマネー）ですね。VFMの測定は経費面だけではなく、それぞれの地域の事情も加味して行います。その地域でいったい何が重要なのか、サービスの品質に関してどのような選択肢があるのか、ということが加味されるわけです。

写真2-1　左からSharon Longworth氏とJonathan Swain氏
右側の男性は編者の友人で視察のアテンドを調整いただいたClive Darracott氏

2）サービス部門評価

　資源活用状況の評価とともに、サービス部門評価が毎年行われます。評価は、基本的に監査委員会が行いますが、一番左の『児童青少年サービス』『成人福祉サービス』、そして右から2つめの『助成金（各種手当）』は他の機関が評価しています。

　評価方法ですが、①サービス水準検査官による検査結果、②業績情報分析（BVPI分析）の結果、をもとに評価していきます。実際の評価業務をどんどん減らそうという方向で動いていますので、業績指標を使うことが多くなっています。レベル1というのが、より重要とされるサービスで、『資源活用状況』と『児童青少年サービス』『成人福祉サービス』ですね。これらはCPAの中でもウェイトが大きくなっています。

3）コーポレート・アセスメント

　自治体評価ですが、これは毎年ではなく、3年に1度行う大規模なものです。『自治体組織がどのように運営されているか』『担当している地域を自治体がどれだけ理解しているか』をベースにして、どのようなサービスを提供しよ

うと計画し、あるいは望んでいるか、そして実際にどのように実施しているかということも調べます。その結果として一体何が達成できたのかをみていきます。

　自治体の評価をするときに、自治体に対して実際に質問するような事項がこのハコの中に入っています。さきほどの話にもありましたが、自治体が自分の業績情報をどのように分析し、そこからどのようなサービスを導き出そうとしているのか、改善のために何をしているのかをみていきます。

　CPA が最初に導入されてから自治体の業務の仕方も変わりました。今では他の機関とのパートナーシップで行う業務が多くなっています。自治体の評価のなかには、パートナーシップをいかに上手くやっているかということも含まれます」。

　シャロンの説明は非常に明快で、CPA のフレームワークが明らかになったと思うが、実務的な評点は、つぎのようなルールでなされる。

資源活用状況
　　構成する5項目それぞれについて4段階評価を行い、それらを一定のルールで統合して「資源の活用状況の全体評価」を4段階で行う。

サービス部門評価
　　構成する7項目それぞれについて4段階評価を行う。なお、「児童青少年サービス」は教育水準局と社会福祉検査局が、「成人福祉サービス」と「助成金」は社会福祉検査局と助成金検査局が、それぞれ共同して評価を行う。

コーポレート・アセスメント
　　構成する5項目それぞれについて4段階評価を行い、それらを一定のルールで統合して「コーポレート・アセスメントの全体評価」を4段階で行う。

CPAの全体評価

以上の各評価を図表2-5のルールによって統合し、CPAの全体評価を5段階（★の数で表す。「★★★★」から「星なし」の5段階）で行う。

図表2-5　CPA全体評価の算定方法

コーポレート・アセスメント	レベル1 ・資源活用状況 ・児童青少年サービス ・成人福祉サービス	レベル2 ・住宅・生活環境 ・文化・助成金	CPA全体評価
4	すべて3以上	すべて2以上	★★★★
4	すべて2以上	2未満が1項目以下	★★★
4	2未満が1項目以下	2未満が1項目以下	★★
4	どれにも属さない		★
3	すべて3以上	すべて3以上	★★★★
3	すべて2以上	すべて2以上	★★★
3	すべて2以上	2未満が1項目以下	★★
3	どれにも属さない		★
2	すべて3以上	すべて2以上	★★★
2	すべて2以上	すべて2以上	★★
2	2未満が1項目以下	2未満が1項目以下	★
2	どれにも属さない		星なし
1	すべて3以上	すべて2以上	★★
1	すべて2以上	すべて2以上	★
1	どれにも属さない		星なし

（出所）（財）自治体国際化協会『イングランドの包括的業績評価制度』2006年、75-76頁を一部修正

CPA評価は、国による地方自治への介入度合いに直接連動するため、地方自治体にとって評価結果は重大だ。地方自治を所管する副首相府（Office of the Deputy Prime Minister：ODPM）は、これまで業績の優秀な自治体に対する裁量の幅を広げてきた。たとえば、検査の軽減、補助金使途の自由度拡大、各種計画書の提出義務の免除などである。また、政治面での影響も大きく、自治体によっては評価結果が悪かったため、リーダーが退任に追い込まれたり、議会選挙で支配政党が交代したところもある。

5　2005年CPA改革の意義

1）改革の背景

　2002年にCPAが導入されて以来、地方自治体が提供するサービスは着実に向上してきているが、CPA制度は決して現状に甘んじない。地方自治体のサービスの継続的改善を支援するために、CPAのフレームワーク自体も不断に改善されてきている。「あくなき向上心」とでも言おうか。その思いが「CPAは3年間かけて徐々に進化してきたと考えてください。一度に変わったわけではありません」というシャロンの言葉にも見て取れる。3年間の運用を経て、明らかになってきた問題点は、主に次の3項目である。

検査の負担
　CPA評価の根拠は、自治体監査委員会やその他の公的検査機関が行う実地検査および監査の結果によるところが大きいのだが、検査チームによる実地検査は地方自治体に多大な時間と労力を強いることにもなった。地方自治体協議会（Local Government Association: LGA。現在410団体が所属しているイングランド及びウェールズの地方自治体を代表する最大の機関）が2005年1月に発表した調査報告によると、地方自治体の90%は検査・監査の数は減らされるべきであると考え、95%は項目を絞った検査を行うべきだと回答している。

簡潔な言語表記の是非
　2004年までのCPAは5段階評価で、「優秀（Excellent）」「良好（Good）」「普通（Fair）」「弱体（Weak）」「劣悪（Poor）」と表記されていた。この分かりやすさがCPAの特長であったが、他方で、簡潔な言語表記が「その自治体のすべてを表す」かのごとく受け止められてしまい、評価不良と判定された自治体のサービスの中には優れた政策やサービスがあるのに、「何もかも不

良」という印象を決定づけてしまう恐れがあった。

地域ニーズと国の優先施策との齟齬

　地方自治体にとって重要なことは地域住民のニーズに適合した施策を展開することであるが、地域ニーズと国の優先施策とは、必ずしも一致しない。CPAでの評価対象が国の優先施策に偏りがちであることから、地域の優先施策を適切に考慮した評価とすべきだ、という意見が多かった（また、検査官の専門知識に対する疑問、ただチェック項目を塗りつぶすだけの形式的な検査過程や、地域の実情が考慮されていない一律評価への不満もあった）。

　これらの問題点を踏まえて、2005年に大きなCPA改革が行われることになった。上記の各項目に対応する変更内容は、次のとおりである。

検査負担の軽減

　○　「劣悪・弱体・普通」という評価が低い自治体に絞って、また、検査活動が自治体の業績改善に貢献することが強く見込まれる場合に絞って、監査委員会は検査を行う。

　○　自治体にとって負担となる実地検査を減らすために、業績指標をより効果的に用いる。

表記方法の変更ならびに「向上への歩み（Direction of Travel）」の追加

　○　これまでの簡潔な言語表記（「弱体」や「劣悪」など）が発する厳しい印象を緩和するため、★の数による表記とする。

　○　また、全体評価が上昇していないことが必ずしもサービスが改善されていないことを意味するわけではなく、改善に向け前進している場合もあることを、住民や関係機関に理解してもらう必要があることから、CPA評価（★による5段階評価）のみならず、「当該自治体が業務を改善してきた足取り、将来向上するために現在どのようなビジョンを持っているか」に対して「向上への歩み（Direction of Travel）」と称する4段階評価を加えて公表することとする。「向上への歩み」

では、次の4段階評価と、自治体の状況に関する約180語の概括が併記される。
① 力強い改善が見られる（Improving strongly）
② 順調に改善している（Improving well）
③ 妥当に改善している（Improving adequately）
④ 改善されていない（Not improving adequately, or Not improving）

地域ニーズと国の優先施策との調整

サービス部門評価において、次の2つを重要な評価視点にする。
○ 地方自治体が重視するサービスと国の優先施策との整合性
○ サービス利用者の視点

このように大きな改革が行われたCPA制度であるが、2005年からの新たな枠組みでは、「資源活用状況」におけるVFMの評価項目と、「サービス部門評価」で使用される業績指標の達成基準がさらに厳しくなっており、「ハーダーテスト」と呼ばれている（2005年6月に自治体監査委員会が新CPAの枠組みを発表した文書『CPA-the harder test』のタイトルにもなっている）。

そのため、2005年以降は現在の評価よりも下降することを予測している自治体が少なからずあり、こういった新評価手法に憤る自治体も出てきている。彼らの目には、「向上への歩み」は厳しくなるCPAによる評価下落に対する緩衝材として映るのだろうか、「これは、ご機嫌取りにすぎず、筋が通っていない。5段階評価が下降している自治体に『力強い改善が見られる』という『向上への歩み』が付されるのは理解しがたい」といった声もあるようだ。

2) CPA改革についての監査委員会の思い

このように、地方自治体からの批判もあるCPA改革だが、シャロンは改革の経緯を次のように説明する。

「このCPA開発には2～3年もの時間がかかっており、開発に着手する前には大規模な協議が行われています。形態自体が複雑なのと、さまざまな

パートナーシップが必要になりますので、やはり開発に数年はかかると思います」。

　実際、監査委員会は新たな CPA を最終決定するまでに、入念な手続きを経ている。2004 年 1 月、同委員会は 2005 年以降（2005-2008 年）の CPA の見直し骨子について協議書（原案を発表して国民から意見を募るために発行する文書）を発表し、地方自治体・自治関係者・団体からの意見を募集した。その意見をとりまとめた結果と、その時点での方針を 2004 年 4 月に示し、さらにそれをもとに改正案を推敲し、再び協議書によって意見を募った。これら協議書による意見聴取に加え、ロンドンを含む 4 都市で地域協議会を開催したうえで新しい枠組みを公表する、という念の入れようだ。

　さらにシャロンは、ハーダーテストや「向上への歩み」といった新しい内容について詳しく解説してくれた。

　「ハーダーテストになって、4 つ星がエクセレントと同じ意味ではなくなりました。4 つ星になるためには以前よりももっと業績をよくしないといけないのです。どの評価項目も難しくなっているんですけど、こうしたサービス水準を検査する検査官は全部同じスコアリング基準を使って評価しています。このスコア制度だと、より高い点数をつけることが難しくなっています。また、もっと難しいテストがコーポレート・アセスメントと資源利用状況ですね。

　星なしから 4 つ星までのカテゴリーには一定のルールがあります。例えば、児童青少年向けサービスが非常に良好な自治体があったとしたら、それは VFM には繋がらないかもしれませんが、評価はいいものになります。一層制の自治体、あるいはカウンティカウンシルに対しては年に一度、星の格付けを行います。それによって住民は他の自治体と比べて自分の自治体がどんな業績かをみることが出来ますね。この星による格付け以外に、これからの方向性も報告します。つまり英語でディレクション・オブ・トラベル（Direction of Travel）というものです。

　CPA のほとんどの要素は過去のものか、あるいは現状についての評価になります。こちらのディレクション・オブ・トラベルでみようとしているものは、自治体が果たして実際に改善されているのかどうか、今後も改善して

いくポテンシャルがあるかどうか、ということです。これを4段階で評価をします。これによって同じ星の格付けになった自治体相互間でも差別化が可能になります。ダイレクション・オブ・トラベルという名前は分かりにくいかもしれませんが、"改善の旅の方向性"と考えるといいと思いますね」。

そして2009年以降のCPAの見通しは、次のようになるという。

「現行のCPAは2008年末か2009年初頭までです。その次の業績評価の枠組みを、いま考えているところです。まず、公共サービスに対する信頼感を一般の人に与えることを主要な目的としています。そしてパートナーシップ（協働）によって提供されるサービスにもっと力点が置かれるようになると思います。どのようにパートナーシップを組んでいるのか、また、どのサービス分野にパートナーシップが導入されているのか。そして、新しい枠組みの一環として市民参加の視点、すなわち、地域の人たちにサービス評価に参加してもらうこと、また自治体の意思決定において、地域の人に参加してもらえるようにしていきたいと考えています」。

ところで、これまでのCPAの説明は、一層制自治体やカウンティ（都道府県レベル）向けの枠組みについてであったが、ディストリクト（市町村レベル）向けのCPAは、どのように実施されていて、今後の方向性はどうなっているのだろうか。シャロンは、次のように説明した。

「2003年からディストリクトレベルのCPAも行いました。これはコーポレート・アセスメントと呼ばれる自治体評価だけで、Excellent・Good・Fair・Weak・Poorという5段階評価を行いました。ただ、ディストリクトカウンシルの数は多すぎますので、すべてについて同じ監査業務を繰り返すというのは理にかなっていないかもしれません。

そこで、新しい枠組みを考えています。自治体資源の使用状況やダイレクション・オブ・トラベルはこのまま残っていくと思います。それらに加えて今後入れようと思っているのは『業績情報の分析（業績情報に基づいて自治体が顕著に改善しているのか、それとも悪化しているのかをみていく）』などです。

業績情報の分析結果の良し悪しによっては、新たに自治体の実地検査を行うことになるでしょうけれど、そうなると、評価結果区分が、現在のものと

は違ってくるかもしれません。この CPA 手法の開発には時間がかかり、今まさに書き上げているところなんですが、中央政府・地方政府・各種検査局・その他の機関との調整が必要となります。その調整が済みましたら、ディストリクト向けの枠組みを発表したいと思っています」。

6　不断の改善

　この小見出しになっている「不断の改善」という言葉。これほど「言うは易し、行うは難し」という言葉もないと思うのだが、その素晴らしい実践例に英国で出会えた。

　ジョナサンとシャロンに教えてもらった CPA の枠組み自体も、無限に続く改善の旅を続けているし、CPA 誕生に至る歴史を振り返っても、「理想の状態」を実現するための「最善の手段は何か」を求める試行錯誤の連続だ。

　しかも、ちまたの行革でよく見られるように、「何でも変えればいい」と、変化そのものが自己目的化するのでは決してなく、時代の変遷はあっても「持ち続けるべき価値」として、VFM という哲学を堅持している。自治体監査委員会で解説された CPA に至る行政経営革新の系譜からは、900 年の地方自治の歴史を背景とした彼らの哲学「変えるべきこと、変えぬべきこと」を学ぶことができた。

【参考文献】

（財）自治体国際化協会『イングランドの包括的業績評価制度』2006 年 1 月。
――――『英国の地方政府改革の系譜』2006 年 1 月。
――――『シティズン・チャーター（CLAIR REPORT 第 69 号）』1993 年 6 月。
石原俊彦監修、監査法人トーマツ『新行政経営マニュアル』清文社、2004 年 6 月。
稲澤克祐『英国地方政府会計改革論』ぎょうせい、2006 年 1 月。
――――『自治体への市場化テスト導入に関する試論』ビジネス＆アカウンティングレビュー、2006 年 3 月。
Audit Commission, *CPA-The Harder Test Scores and analysis of performance in single tier and county councils* 2005.

Audit Commission, *Driving Improvement and Value for Money*, 2005.

第3章 英国最大で最小の地方自治体
―― ロンドン市役所の廃止と復活

1 大ロンドン市への行政視察

　大ロンドン市、すなわち、グレーター・ロンドン・オーソリティー（Greater London Authority: GLA）の庁舎は、対岸にロンドン塔、右手にタワー・ブリッジを間近に臨んだテムズ河のほとりに建つ、楕円錐型とでもいうようなユニークな姿をした「City Hall」の中にあった。
　石原団長（先生は、自称"ツアコン"なのだが）率いる視察団一行は、2006年3月9日（木）午後2時30分、City Hallに到着後すぐに会議室へ通され、3人の職員から約2時間の説明を受けた。
　戦略財務業績部長（Head of Strategic Finance and Performance）のマーチン・クラーク（Martin Clarke）氏からのオリエンテーションで、冒頭、「きょうは火災予防の訓練の予定はありませんので、もし鳴ったら本物ですからついてきてください。私が先に出ます」との発言に、どっと笑いが起こった。この時、ふと、バーミンガム市のオリエンテーションでも似たような発言があったことを思い出し、「イングランドでの会合では、よくこういうパターンのジョークを使うのかな」などと余計なことを考えながら、メモをとる準備を始めた。

2　大ロンドン市の構成と権限

　マーチン・クラーク氏からは、GLA の組織と権限の概要について、詳細な説明を受けた。その概要を整理すると次のようになる。
　ロンドンにおいては、かつて大ロンドン市（Greater London Council: GLC）という、カウンティ（日本の県に相当）以上の権限を有する自治体が設置され、その下に、基礎的自治体としての 32 のロンドン特別区（London BoroughCouncil）とシティ（City of London Corporation）が置かれていた。1979 年に誕生したサッチャー保守党政権は、「地方自治体における行政サービスの効率化と説明責任の強化」という名目で、GLC が担っていた事務をロンドン特別区やシティなどに移譲し、約 2 万 1000 人の職員の大半も移籍させた上で、1986 年にこれを廃止した。マーチン・クラーク氏も、この時に GLC を解雇された一人である。
　その後、1997 年に誕生したブレア労働党政権は、その選挙公約に沿い、2000 年 7 月にロンドンの広域行政を所管する地方自治体として GLA を創設

DATA

Greater London Authority（大ロンドン市）

- ■行政区分：GLA（グレーター・ロンドン・オーソリティー）
- ■地　　方：ロンドン
- ■人　　口：7,465,500 人（2006 年）
- ■人口密度：4,725/ km²
- ■面　　積：1,580 km²
- ■概　　要：ロンドンは、イングランド南東部テムズ川下流両岸に広がる英国の首都である。ヨーロッパ連合において最も人口が多い都市であり、経済、政治、文化いずれについても大きな影響力を有している。

し、今日に至っている。市長は、ケン・リビングストン（Ken Livingstone）である。

ロンドンにおいて、このような広域行政を担う自治体が復活（GLCよりかなり簡素な組織で、権限も異なるため単純に復活とは言えないのかも知れないが）した最も大きな理由は何か。GLAの職員の説明によれば、それはGLCの解体により、ロンドン全域レベルで提供しなくてはならないサービスに空白状態が生じ、これを解消する組織が必要になったためと考えられる。GLAは英国最大の人口を対象とする地方自治体であるにもかかわらず、権限は非常に限定された内容（企画立案やその調整）にしぼられている。その意味で、英国で最大かつ最小の地方自治体と、呼称することが可能である。

写真3-1 ロンドン塔と大ロンドン市の庁舎

マーチン・クラーク氏が説明のなかでまず強調したのは、ロンドンの統治の形態が英国内の他地区と少し異なり、中央政府、地域政府（GLAがこれに相当する）、地方政府によりそれぞれ統治されていることと、非常に中央政府の統制が強いことであった。これをニューヨークと東京との予算の財源比較で説明したが、ロンドンは、大半が中央政府からの財源となっており、東京とその構成が逆転している状況にある。

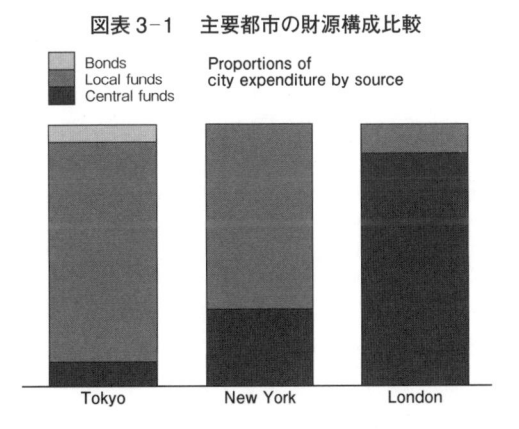

図表3-1 主要都市の財源構成比較

ロンドンにおいて中央政府はさまざまな機能を提供しており、その分野として、交通、住宅などの「社会的基盤」、教育、研修、雇用などの「技能」、移民政策、それに対する財源支出などの「住民」、地域の再生、開発計画などの「経済」がある。そして、教育、医療、保健、福祉、犯罪などに対しては直接サービスを提供している。また、ロンドンには、地方政府である前述の33の特別区があり、教育、社会福祉、住宅、廃棄物収集・処理、環境・保健衛生、道路維持など、地域社会の日常業務のサービスを提供している。

　このほか、地方政府と中央政府の間に地域政府があり、GLAはこれに当たるものである。GLAでは、直接多くのサービスを提供しているのではなく、文化、環境、交通機関などの分野で政策、戦略、リーダーシップを提供・発揮しようとしている。GLAは、GLAグループと呼ばれている4つの実務機関を通じて、ロンドン市民へのサービス提供の責任を負っている。その実務機関とは、首都警察局（Metropolitan Police Authority: MPA）、ロンドン消防・緊急時計画局（London Fire and Emergency Planning Authority）、バス、地下鉄を管理しているロンドン交通局（Transport for London: TfL、第5章参照）、地域の再生を担当しているロンドン開発公社（London Development Agency: LDA、第6章参照）である。

　GLAは、公選のロンドン市長（Mayor of London）と、25人の公選議員からなるロンドン議会（London Assembly）の2つの部門で構成されている。まず、公選のロンドン市長の主な任務は、国の内外でロンドンを代表し宣伝することやロンドン市民の考えを代弁することである。そして、たとえば、空間的な開発、交通機関、経済開発、騒音の総量などのロンドン全体の問題に対して戦略的な計画を策定し、リーダーシップを発揮している。また、GLAグループの実務機関が、GLAの期待している政策やサービスを提供しているかどうかを監視をしている。

　市長の主な法定任務は、医療、健康を促進すること、持続可能な開発を促進していくこと、機会均等を考慮することである。加えて、GLAグループの予算を決定すること、12人の職員を任命すること（ちなみにマーチン・クラーク氏は、ロンドン議会において任命されているとのこと）、実務機関や理事会などの役員を任命することなどがある。

他方、ロンドン議会だが、その役割は、まず市長の提案してきた予算を検討することである。3分の2の大多数を得れば修正することができるが、これまでに修正されたことはない。また、市長が任命する12名の職員を除くGLAの職員を任命することである。その他、ロンドン市民が関心をもつ問題を調査していくこと、ならびに、市長が公約を果たしているかどうかを調査することが、ロンドン議会の役割とされている。

写真3-2　左から
Ray Smith 氏、Marthin Clarke 氏、Arthur Fleming 氏、Mike Meeham 氏

　マーチン・クラーク氏は、説明の最後に、創設から6年足らずのGLAは非常に成功をおさめたと中央政府が認識しており、現在、市長の権限を拡大するかどうか検討中であることに触れた。ロンドン全域に及ぶ自治体を設置するというのは大きな実験であったことから、最初は故意に権力を制限していたために、このような検討が始まったと考えられる。

　中央政府が成功と見ている点は二つあり、その一つは混雑税（Congestion charge）の導入である。これは、中央政府にとっては政治的に導入が躊躇されるものであったが、市長は与えられている制限付きの徴税権をうまく活用して混雑税を導入し、その税収入を警察官の増員に投じた。これは非常に人気のある政策だったのである。もう一つは、さまざまな一連の政策を通じて、ロンドンの経済、あるいはロンドンの住民生活がこのまま繁栄を続けるように努めていることである。ロンドンの経済的な発展は、国家レベルでの経済発展に非常に重要な意味を持つゆえに、中央政府がこの姿勢を評価しているのである。

　市長の権限の拡大が検討されている項目は、①ロンドンの各特別区が担当しているゴミの管理をロンドン全体で管理すること、②現在、深刻な住宅問題を解決するためのロンドンの住宅政策、戦略は中央政府が担当しているが、これをGLAに移譲すること、③市長が計画する権限を強化すること、④ロンドンで働いている労働者の職能向上への取り組みの権限を市長に移すこ

と、⑤実務機関および議会に対する影響力の拡大の5つである。

ところで、以上のような展開とは別個に、市長の権限の拡大が検討される背景として、政府がマイケル・ライアンズ卿に調査委託してまとめられた「The Lyons Review」（2004年3月発行）という報告書がある。この報告書は、地方自治体の財務の権限を強化すべきであるかどうかの検討を提言している。マーチン・クラーク氏は、これらの検討によりロンドンあるいは地方政府にとってよい成果が得られればと、期待感を滲ませていた。

3　大ロンドン市の予算・計画・情報公開

1）GLA の予算の概要

予算編成課長（Budget Development Manager）のレイ・スミス（Ray Smith）氏からは、GLA の予算の概要について説明を受けた。その概要は、以下のとおりとなる。

レイ・スミス氏は、冒頭、限られた市長の権限のなかで最も重要なのは予算決定の権限だとした上で、予算決定には反映されるべき3つの主要な分野があり、それは、第一に、ロンドン市民のニーズやマニフェストによって約束された市長の優先事項、第二に、中央政府からの要求、第三に、それぞれのサービスのニーズであると指摘された。GLA の予算編成には、ほとんど1年かけており、5月に市長が政治的な優先事項を決定し、GLA グループの実務機関を含む予算のガイダンスを発行する。11月までに各実務機関は予算を市長に提出する。ここで提出される予算には、上記の主要分野の事項が反映されなくてはならない。そして、12月から2月にかけて法定で決められている協議のプロセスに入るとのことであった。

GLA の歳出の内訳とその財源構成であるが、2006年度における総額96億ポンドの歳出のうち、90％は、TfL（56％）と MPA（34％）に配分されており、GLA 本体にはわずか1％配分されているのみである。また、その財源のうち、自主財源であるカウンシルタックス（Council Tax）はわずか8％

であり、ほとんどの財源が中央政府から拠出されるため、財政的には中央政府への依存度が高くなっている。

　カウンシルタックスは、1991年当時の不動産価格に基づいた固定資産税であり、中央政府は2010年まで不動産の再評価をしないとしているものである。GLAは、このカウンシルタックスを直接徴収せず、33の自治区が代行徴収している。レイ・スミス氏によれば、イギリスでは相当に不人気の税金であり、また、中央政府は毎年、GLAも含む地方自治体に対して、この税金の値上げに上限を設けるよう圧力をかけているとのことであった。

　一方、前述した「The Lyons Review」に対し市長は、カウンシルタックスを地域の所得税に替えること、また、法人税の税率を地域別に変えていき、一部の政府の助成金と替えることにより、地方の財務的な能力を高めることができ、バランスが保てると考えているとのことであった。イギリスで既に導入されているプルデンシャル・リミット（日本では2006年度から地方債について許可制を協議制に移行した）のGLAにおける効果に関しては、TfLが5年間で30億ポンド借り入れる予定となっているように、財政的な柔軟性を非常に高めることとなり、この制度の一番の恩恵にあずかったのはGLAであるという評価をしていた。

　続いて、レイ・スミス氏は、GLAにおいては、予算の執行段階における「機会均等」と「持続可能な開発」が強く意識されていると述べた。すなわち、市長は、GLAグループのなかで自分の優先事項が予算に反映されると同時に、執行段階において「機会均等」と「持続可能な開発」が確保されるようにと考えており、たとえば警察隊の構成については、ロンドンの非常に複雑な人種構成が反映されているような配慮がなされている。また、毎年、GLAの実務機関が予算を通して、以上の二点をどのように反映しているのかを確認しているとのことであった。レイ・スミス氏は、説明の最後に、GLAのさまざまな部門における財務的な説明責任について触れ、GLAの警察機関や交通機関などの各部門には最高財務責任者（CFO）が置かれ、また、GLAの本体には全体を見ているCFOが置かれていることを強調された。

2）GLA のコーポレート・プランと年次報告書

　上席企画官（Senior Project Officer）のマイク・ミーハム（Mike Meehan）氏からは、GLA のコーポレート・プラン（Corporate Plan）と年次報告書（Annual Report）の概要について説明を受けた。以下が、その概要である。

　すなわち、GLA のコーポレート・プランは、予算編成とリンクして、ほぼ1年かけて作成されている。そして、計画作成後は四半期ごとに業績のチェックが行われ、翌年度の第1・四半期に年次報告書が作成されるサイクルとなっている。GLA から入手した 2005 年 4 月刊行のコーポレート・プラン「Corporate Plan2005/08」は、88 頁にわたるルーズリーフの冊子（A4 版）である。計画期間は 3 年間であり、毎年更新することになっている。

　このコーポレート・プランは、大きく分けるとビジネスプランと予算の部分で構成されている。ビジネスプランは、第一に、GLA の優先事項を描き出し、第二に、今後想定される課題を抽出している。たとえば、来年度の最も大きな課題は、2012 年の夏期オリンピックへの対処である。そして、第三に、GLA として達成しようとする成果を明らかにしている。一方、予算の部分は、前述したとおり本体の予算は GLA グループ全体の 1％だけではあるが、この予算のなかで、人材、資材を問わずプランの目的を達成するために必要なものを明確にしている。

　ビジネスプラン部分をもう少し詳しく見ると、ここでは、計画の基本的な方向性を規定する市長のビジョンとこのビジョンが基礎を置く 3 つの原則、さらに、ビジョンの基本となる 5 つのテーマが示されている。まず、ビジョンは、ロンドンを模範的で持続可能な世界規模の都市にしようというものである。3 つの原則とは、①強力で多様な経済的な成長、②ロンドンの成功をすべてのロンドン住民が共有できるような排他的でない社会、③資源の利用や環境管理に関する抜本的な改善である。また、5 つのテーマとは、①アクセスしやすい街であること、②人々のための街であること、③繁栄する街であること、④公平な街であること、⑤環境に優しい街であること、以上の五点である。

ビスネスプランでは、毎年、この各テーマに対して、目的（戦略的成果）とその達成に向け責任を負う職員のまとまり（Team や Unit）、3年間の目標（達成に向け何をするか）、さらに、この1年間で何をするのかを具体的に明示している。たとえば、「アクセスしやすい街」というテーマに対し、目的（戦略的成果）の一つとして、ロンドンの交通機関（サービス）の拡張を掲げ、その達成に向け責任を負うものとして「Finance & Performance-Transport Team」を明示したうえで、地下鉄イーストロンドンライン延伸などの具体の目標が示されている。また、5つのテーマの何れに取り組むとしても、3つのテーマ（機会の均等、持続可能な開発、市民の健康）が、市長の目的（戦略的成果）と関連づけられている。

　計画実施年度においては、前述したとおり、四半期に1度ずつ、目的の達成状況がモニタリングされる。また、支出も予定どおりかどうか調査される。そして、このモニタリングの結果は、成功事例あるいはその他の業績、これに関する多くの提案を含めて市長および経営幹部に報告される。また、これらは各事業部にフィードバックされ業務の見直しができるようになっている。なお、事情が変われば計画を修正することも可能となっている。

　このようにして年間を通じてモニタリングされた結果が翌年度に GLA の年次報告書としてまとめられる。GLA から入手した 2005 年 6 月刊行の年次報告書「THE MAYOR'S ANNUAL REPORT 2004/05」は、92 頁にわたる冊子（A4 版）である。

　この年次報告書はロンドン市民、その他の利害関係者を対象に公表されるものであるため、経費をかけて見栄えをよくしているとのことであった。前述したコーポレート・プランは内部向けのものであったが、それよりも上質な紙を使い、写真を使って多色刷りするなどして、情報公開を積極的に推進しようとする姿勢がうかがえた。この年次報告書は、GLA 法に基づき毎年発行されるものである。このなかでは、前述したコーポレート・プランの5つのテーマごとに前年度の成果を総論的に記載しているほか、前年度の計画がどれだけ達成できたかを、各項目に照らし合わせて「Yes」か「Ongoing」のいずれかで明らかにしており、「Ongoing」の場合はその状況が付記されている。さらに、ベスト・バリュー・パフォーマンス・プラン（Best Value

Performance Plan）もこのなかに含めて編集されている。年次報告書は、ロンドン市民を招いて市長がディスカッションを行う場であるステイト・オブ・ロンドン・ディベート（State of London Debate）においても、活用しているとのことであった。

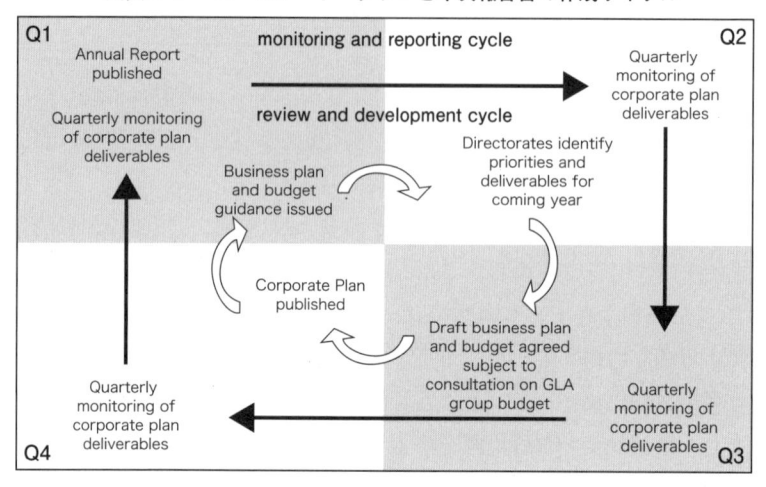

図表3-2　コーポレート・プランと年次報告書の作成サイクル

Q1	monitoring and reporting cycle	Q2
Annual Report published		Quarterly monitoring of corporate plan deliverables
Quarterly monitoring of corporate plan deliverables	review and development cycle	
	Business plan and budget guidance issued	Directorates identify priorities and deliverables for coming year
	Corporate Plan published	
Quarterly monitoring of corporate plan deliverables		Draft business plan and budget agreed subject to consultation on GLA group budget
Q4		Quarterly monitoring of corporate plan deliverables
		Q3

4　大ロンドン市のマネジメントから受ける示唆

　今回のGLAへの視察では、GLAの組織、権限、予算やコーポレート・プランと年次報告書について説明を受けることができた。
　特に印象に残った点は、第一に、GLAの業績管理においては、後述のバーミンガム市と同様にPDCAサイクルがしっかりと組み込まれており、また、そのスパンが非常に短いことである。第二に、行政サービスの効率化を名目として一旦解体した、日本で言えば東京都のような広域自治体を、形を変えて復活させたうえに、今度はその権限の拡大が行われようとしていることである。すなわち、過去の経緯にとらわれず、あるべき姿を貪欲に追求するイギリスの姿勢は、引き続き見習うべきものである。

役所の改革には、システム改革と職員の意識改革が必要としばしば指摘される。大ロンドン市の視察を通じて感じたことは、緻密な行政システムの構築は、そのなかで業務を推し進める職員の意識改革を推進する局面を併せ持つのではないかという点である。それほど、大ロンドン市のマネジメント・システムは、成功に形成され運用されているように思えた。

【参考文献】

（財）自治体国際化協会『英国の地方自治』2003年1月31日。
―――『ロンドンの新しい広域自治体』2000年3月31日。
大ロンドン市（GLA）　http://www.london.gov.uk/

第4章 ロンドンの貧困地区が抱える課題
——サザック区役所の取り組み

1　大ロンドン市特別区サザック区

　2006年11月28日、われわれ行政視察団は、大ロンドン市を構成する33の特別区の一つサザック区を行政視察した。サザック区は、人口約26万人、面積約30km^2（東京都板橋区とほぼ同面積）。ロンドン市中心のテムズ川沿岸に位置している。区の年間予算規模は約12億ポンド（約2,800億円：1£＝230円で換算。以下同じ）である。金融地区で知られるシティや国会議事堂のあるウェストミンスター区という裕福な区の狭間にありながら、ロンドン市における貧困地区の一つとして知られ、高い犯罪率と公衆衛生や教育レベルが低いという問題を抱えている。また、住民の40％以上が黒人や少数民族出身者であり、110言語が話されているなど英国全土の中でも人種の多様な地区として知られている。

　当日は、以下の5名から、「地域戦略パートナーシップ」と「政策評価委員会」について説明を受けた。

　　ニコラス・スタントン氏　　（サザック区議会の与党党首：Leader of Council）
　　イーモン・ラリー氏　　　　（サザック区政策部門の主任）
　　シェリー・バーク氏　　　　（サザック区政策調査部門の主任）
　　ルーシー・フォーガン氏　　（サザック区「地域戦略パートナーシップ」の業績管理担当）
　　ニック・ウルフ氏　　　　　（サザック区経済開発課の主任）

2 地域戦略パートナーシップ

1)「地域戦略パートナーシップ」が生まれた背景

英国における公的サービスの提供において、地方自治体はかつて常に革新の前線にあった。しかし、1980年代頃から自治体の質の低下が目立つにつれ、中央政府は次第に不信感を募らせていき、自治体を官僚主義的で非効率的、住民からかけ離れている存在として捉えるようになっていった。また、政府からの自治体に対する信頼感が低下していったのと同じくして、地方選挙における投票率の低下が進むなど、住民の自治体活動や地域活動に対する参加も減少していった。

こうした中でトニー・ブレア率いる労働党政権が1997年に発足したが、その主な対応課題は、公的サービスへの投資の増加と公的サービスによる成果の一層の向上にあった。発足後の4年間での顕著なものとしては、公共サービスの設計や提供の場に地域住民を積極的に参画させる努力がなされた。こ

DATA

London Borough of Southwark（サザック区）

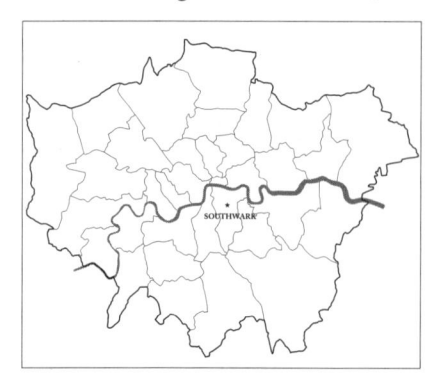

- ■行政区分：London borough（ロンドン特別区）
- ■地　　方：ロンドン
- ■人　　口：257,700人（2005年）
- ■人口密度：8,932/km²
- ■面　　積：28.85 km²
- ■概　　要：サザックは、大ロンドン市（GLA）を構成している32の特別区の一つ。テムズ川の南に位置し、区内にはロンドン市庁舎（City Hall）が建っている。

写真4-1　生涯学習雇用促進センター　　写真4-2　サザックのカウンシル・ハウス（公営住宅）

のことにより、地域社会のモラルの向上等に影響を与えるとともに、複雑化してきている地域社会問題の解決は、地域住民の参加なくしてはできないという認識が高まっていった。

　労働党政権は一方で、地方自治体が地域における主導権を握ることを明確に打ち出した。これまでの自治体は、住宅問題やゴミ等の地域の環境問題など特定のサービスに対して責任を持っていたが、こうした個別の問題だけでなく、地域社会の結束の促進に関わる取り組みに対してもその責任を持たせるようにしたのである。「地域戦略パートナーシップ（Local Strategic Partnership: LSP）の制度は、このような背景のもとで生まれたものである。

　さて、パートナーシップとは、「共通の目的を達成するために協働するパートナー間の合意」を意味する。具体的には、「人材や財源等の資源を共有しながら、重複がないよう調整された事業を実施することを通じて、各主体が無原則に個別事業を実施する以上の、相乗的な効果が見られる関係」とされている。通常、地方自治体と関係機関・諸団体とで構成されており、地方自治体はその中での先導的役割を果たすことを中央政府から奨励されている。また、その形成が中央政府からの補助金の受給資格とされている場合が多い。

2)「地域戦略パートナーシップ」の概要

　「地域戦略パートナーシップ」は、地方自治体がその他の公的団体（警察、医療保健サービス機関、公共職業案内所等）やボランティア団体、地域の企

業、宗教団体等と協力して、地域への行政サービスを展開していく方法である。各参加団体からは活動資金を拠出してもらっており、このために自治体ではそれに向けて魅力的な提言をしていかなければならない。ちなみに、サザックでの調達規模としては、過去3～4年間で合計4,000万ポンド（約92億円）となっている。

　なお、このような実情から、「地域戦略パートナーシップ」に否定的な意見を持つ議員もいる。議員は4年ごとに選挙で選出され、予算編成内容も含めて住民から付託を受けているのに対して、「地域戦略パートナーシップ」では、公的に選出されていないメンバーにより資金拠出が決定されているわけであり、民主的に説明責任がとれないのではないかという指摘である。しかし、少なくともサザック区においては、「地域戦略パートナーシップ」は好意的に受け止められていた。貧困や高い犯罪率、低い教育レベル、医療保健制度の充実という諸問題を解決するためには、一つの公的部門だけでは到底無理であり、自治体が他の機関と協力しあうことの方がより良い方法だと考えられている。サザック区内では、サザック自治体の他に、3つの政府省庁の各局やロンドン市の各局が関わりを持っており、それぞれが同じ目的を達成するために努力している。このため、ともすれば活動が重複したり、食い違う局面が生じるが、「地域戦略パートナーシップ」は、こうしたさまざまな平行している活動を整理統合し、効率を高めることに効力を発揮している。

3)「地域戦略パートナーシップ」と「地域協定」

　自治体は、「地域戦略パートナーシップ」に参画する関係機関と協働して、「地域戦略（Community Strategy）」を描かなければならない。この戦略は、すべての参画機関の合意のもとに、その地域におけるビジョンや責任を示すものである。

　一方、「地域戦略パートナーシップ」の形成趣旨と同じく、地方自治体と中央政府との信頼関係を回復するものとして、「地域協定（Local Area Agreement: LAA）」という制度も開発されている。この制度は、複数の自

治体を包含する州など広範囲な地域において達成すべき目標に関する契約を中央政府と行うものである。一定程度の達成が図られた時には政府から報奨金が支払われるが、その受け皿となるのは「地域戦略パートナーシップ」の一員としての地方自治体である。2005年度からのパイロット事業を経て、2007年度からは英国すべての地域で導入されることとなっている。

「地域戦略」が相対的に長期的なビジョンであるのに対して、「地域協定」は短期・中期的をスパンとした実施計画である。つまり、「地域戦略」の目的を達成するために、この何年間において何を優先事項とするのかということを「地域協定」では掲げるという関係になる。「地域協定」の達成に向けては、「地域戦略パートナーシップ」がその推進役を担っており、「地域協定」には、「地域戦略パートナーシップ」で定めた「地域戦略」の成果具合を測るための指標が盛り込まれている。つまり、「地域戦略パートナーシップ」の業績管理は、「地域協定」を通じて行われている。ただし、指標達成の義務は公的機関にだけ課せられており、その他の団体は任意の条件で協力することになっている。

4) サザック区における「地域戦略パートナーシップ」の実例

サザック区の「地域戦略パートナーシップ」には、公的部門、民間部門、ボランティア部門、住民の代表から構成された7つのテーマグループがある（図表4-1参照）。このうち、「地域の安全」と「児童サービス」に関することは必ず設置することが全自治体に法律で義務づけられており、サザックでは「Safer Southwark Partnership」と「Young Southwark」として設けられている。各グループの運営は、区の幹部職員や議員が主導している。

サザックは、貧困が激しい地区を抱えていることもあって就業率が低く、国の平均より10%、ロンドン全体と比べても5〜6%低い地域である。また、人口の2割にあたる5万人が、就労年齢に達しているにも関わらず就職していない状況にある。こうした中でサザックでは、「地域戦略パートナーシップ」のテーマ別グループの一つとして「雇用タスクグループ（Employment Task Group）」を設置している。なお、「地域協定」との関係で言えば、前

82　第1編　英国地方自治体の行政経営改革

図表4-1　サザック委員会およびテーマ別パートナーシップ

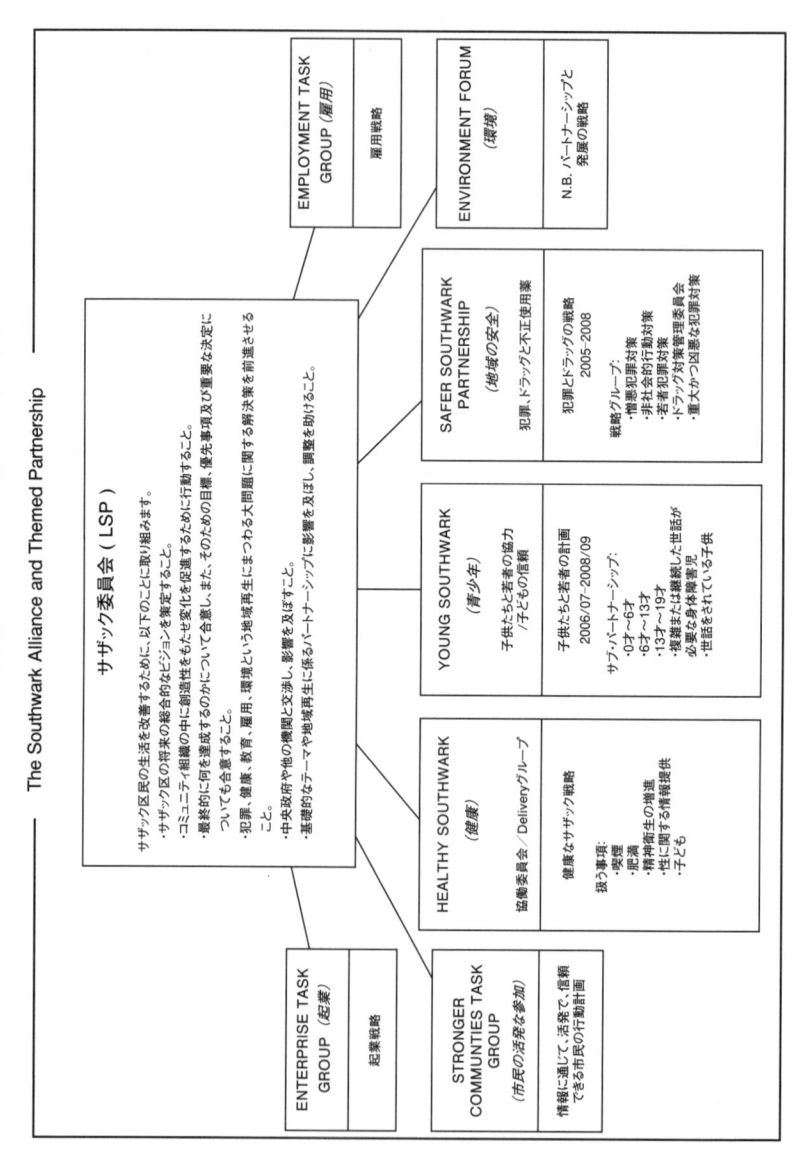

The Southwark Alliance and Themed Partnership

サザック委員会（LSP）

サザック区民の生活を改善するために、以下のことに取り組みます。

- サザック区の将来の総合的なビジョンを策定すること。
- コミュニティ組織の中に創造性をもたせ変化を促進するために行動すること。
- 最終的に何を達成するのかについて合意し、また、そのための目標、優先事項及び重要な決定についても合意すること。
- 犯罪、健康、教育、雇用、環境という地域再生にまつわる大問題に関する解決策を前進させること。
- 中央政府や他の機関と交渉し、影響を及ぼすこと。
- 基礎的なテーマや地域再生に係るパートナーシップに影響を及ぼし、調整を助けること。

EMPLOYMENT TASK GROUP *(雇用)*
- 雇用戦略

ENVIRONMENT FORUM *(環境)*
- N.B. パートナーシップと発展の戦略

SAFER SOUTHWARK PARTNERSHIP *(地域の安全)*
犯罪、ドラッグと不正使用薬 2005-2008
戦略グループ：
- 憎悪犯罪対策
- 非社会的行動対策
- 若者犯罪対策
- ドラッグ対策委員会
- 重大かつ凶悪な犯罪対策

YOUNG SOUTHWARK *(青少年)*
子供たちと若者の協力／子どもの信頼
子供たちと若者の計画 2006/07-2008/09
サブ・パートナーシップ：
- 0才～6才
- 6才～13才
- 13才～19才
- 複雑または継続した世話が必要な心身障害児
- 世話をされている子供

HEALTHY SOUTHWARK *(健康)*
協働委員会／Deliveryグループ
健康なサザック戦略
扱う事項：
- 喫煙
- 肥満
- 精神衛生の増進
- 性に関する情報提供
- 子ども

STRONGER COMMUNITIES TASK GROUP *(市民の活発な参加)*
情報に通じて、活発で、信頼できる市民の行動計画

ENTERPRISE TASK GROUP *(起業)*
起業戦略

述したとおり、このグループは、「地域協定」に掲げてある地域での雇用や能力向上の達成ということに向けて、雇用戦略の実施や業績管理に対しての責任を負っている。

　このように、雇用問題を地方自治体が主体となって解決していくというのは、英国では大きな変化として

写真4-3　レクチャーの風景

捉えられている。というのは、これまで、雇用対策は中央政府が主管するものであり、自治体は関わりを持ってこなかったからである。しかし、「地域協定」や「地域戦略」等の誕生に伴って、自治体に対して達成しなければならない目標が課せられることとなり、自治体ではパートナーシップのもとで雇用問題に取り組むこととなった。

　サザックの雇用タスクグループには、「サザック区政府」の他に、「三つの省庁（雇用年金省、教育技能省、地域社会自治省）に係る各機関」、ロンドン市長に係る組織として「ロンドン開発公社」と「技能習得審議会」などが参加している。また、医療保健、教育、犯罪と地域社会の安全、住宅部門については、他のテーマ分野と重複しているために、必要に応じての参加となっている（図表4-2参照）。

　サザック区は、「地域戦略パートナーシップ」におけるそれぞれの政策推進に関して、指導的役割を担っており、各機関の協働による成果が発揮できるように障壁等を取り除くとともに、必要に応じて雇用対策に関するさまざまな事業を受託して執行しているほか、政策推進に関する情報提供や報告、会議の招集等を行っている。これまでの活動の成果として、サザック区内の雇用率は、ロンドン市全体とは違い、改善されてきつつあるが、サザック区としては各構成団体に対してより一層の活発な活動を期待している。

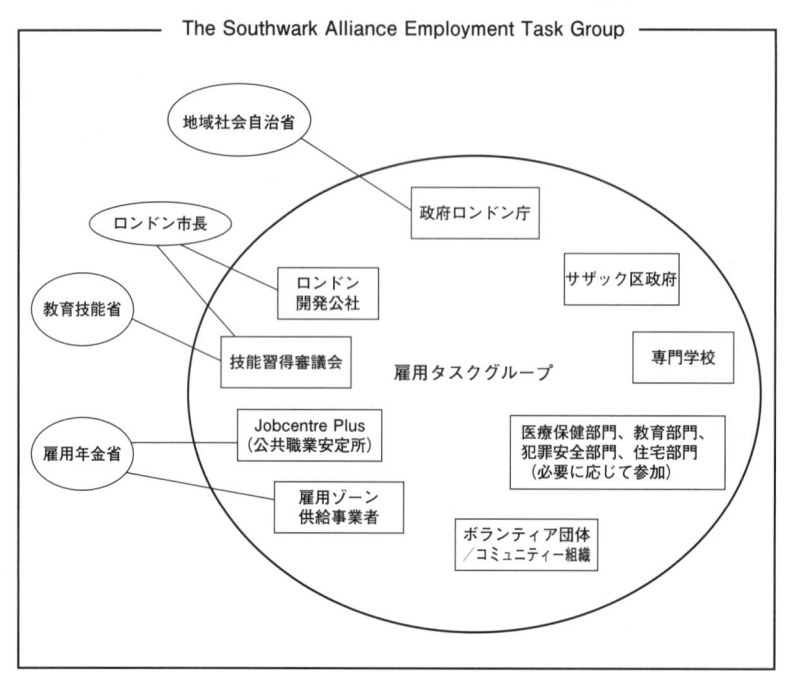

図表4-2　サザック区の雇用タスクグループの構成

The Southwark Alliance Employment Task Group

- 地域社会自治省
- ロンドン市長
- 教育技能省
- 雇用年金省

雇用タスクグループ
- 政府ロンドン庁
- ロンドン開発公社
- 技能習得審議会
- Jobcentre Plus（公共職業安定所）
- 雇用ゾーン供給事業者
- サザック区政府
- 専門学校
- 医療保健部門、教育部門、犯罪安全部門、住宅部門（必要に応じて参加）
- ボランティア団体／コミュニティー組織

3　政策評価委員会

1) 政策評価委員会の概要

　イギリスの地方議会は、日本とは違い、議員で内閣を構成する議院内閣制である。内閣に所属しない一般議員たちは「政策評価委員会」に属することができ、行政運営が適正に行われているかを監視している。政策評価委員会の政党別構成は、内閣と同じく、議会全体の党別構成割合に比例している。
　政策評価委員会が取り上げる問題としては、たとえば、学校のいじめ問題がある。政策評価委員会は、中央政府や区政府の政策や勧告の状況を検証す

るだけでなく、学校の先生や理事と直接面会をしたり、子どもたちの意見を直に聞いたりし、これらで得られたものをもとに、区政府に質問をして、説明を求めている。

議員たちがいま、強く関心を寄せているのは、区政府だけでなく他の公的機関に対しても、調査・評価の権限を持とうとする動きである。中央政府から先に出された地方自治白書では、自治体が直接行っていない医療保健サービスや警察、交通サービス等についても、調査・評価を行う権限を地方議会に与えることが提案されている。なお、現在サザック区ではすでに、医療保健サービス機関に対しての法的な調査権限を有している。

また、この白書では、他の新しい提案として「コミュニティによる行動請願（Community Call for Action）」が挙げられている。これは、たとえば、地域で青少年の犯罪が多発している場合に、住民が地方議会議員を通して地方政府に対策を求めることができるという制度である。地域の住民にこれまでより多くの発言権と選択肢を与えるものであり、地域社会と自治体との力関係を変えようとする中央政府の考えの一環に立つものである。

2）政策評価委員会の具体的な活動例

サザック区では、現在たとえば「国民医療制度の改変問題」「10代の少女の妊娠問題」「水道事業問題」の三つの問題について、政策評価委員会が活動を行っている。

まず、「国民医療制度の改変問題」は、具体的には国立病院への来院患者に関する問題である。これまで、サザック区にある国立救急医療精神病院は救急の来院患者にいつでも対応していたが、今後は、原則として一般の精神科医院の救急窓口で紹介を受けた者だけの診察を行うことにした。これに対して政策評価委員会の議員らは、これによる影響具合を把握することとし、できるだけ多くの国立病院利用者との面会を行った。この結果、サザック地域が貧困の割合が非常に高いこともあって、重度の精神病患者の割合が他地域より高く、国立病院の存在が特にこの地域では欠かせないものであることがわかってきた。そこで、患者団体とともに反対運動を行うとともに、病院

利用者とも話し合って代替案を作成し、中央政府に提出した。この代替案は、現在、国務大臣の検討に付されており、サザックとしては結果を期待して待っているとのことであった。このように、社会から阻害されがちな存在である精神病患者でも、民主的な過程を経てその意見が取り入れられていくというのは、政策評価委員会ならではの動きがあってのものである。

「10代の少女の妊娠問題」は、その少女自身の教育や経済力、生まれた子の将来に大きな問題が生じることになる。これに対して、政策評価委員会の議員らは、妊娠の予防や妊娠後の支援について、少女が妊娠した場合に関わってくるすべての機関との話し合いを行った。その結果、一部の宗教学校でこれまで行われてこなかった妊娠に関する生徒へのアドバイスが行われるようになるなどの改善を見た。このように、政策評価委員会の議員らは、区政府では把握できにくい広範にわたる具体的な実態を拾い出し、改善策を提案している。

「水道事業問題」については、現在、英国では水道事業は民営化されている。このため区議会は水道事業者に対する評価権限はないが、事業者の立場としては政策評価委員会が主催する話し合いの場に出席しないというのは、恥ずかしいものとされている。以前にサザック内で大規模な水道管破裂事故があり、何千もの世帯に水が供給できない状態が5日間続いたことがあったが、その時に、住民からは、水道会社の事後対応やサザック区政府との協力体制について不満が出た。このため、政策評価委員会は話し合いの場に水道事業者への出席を求めた。その結果、事業者が非を認めて賠償金を迅速に支払うとともに、区政府との協力体制についても改善された。このように、問題解決の手法として非常に現実的なアプローチをとっており、政策評価活動がなければ、住民意見をこれほどまでに水道事業者に届けることができなかっただろうと考えられている。

4　協働の推進

　サザック区役所では、日本の地方自治体と違い議院内閣制をとっていることからか、住民と行政との距離が近く感じられた。特に、政策評価委員会の議員らが、内閣まかせではなく自ら住民の中に積極的に入り込み、そこで把握した声や実態をもとにして政策提言を行っていることは、報酬がほとんど払われていない身分ということも合わせてみると、感嘆の思いを持った。

　「地域戦略パートナーシップ」は、日本で言えば、特定テーマに関する協議会組織（たとえば青少年育成協議会）のようなイメージを当初は抱いていたが、そうした組織よりも、参画団体の各々がより主体性を持って、また、時には合同して課題の解決にあたっており、まさしく協働することで各自の役割と機能を有効に果たしていることを理解できた。われわれ自治体職員は自分達の責務として強く意識するあまり、得てして地域課題の解決方法を抱え込みがちであるが、英国と同様に類似目的の公的機関やNPO団体などが周囲に存在しているわけであり、いま以上に複雑・多様化していく地域課題を解決していくためには、これら機関との連携・協働をきちんとした形で進めていくことが間違いなく重要な鍵となると思われる。

　今後、こうした協働形態が当たり前のものとして実現するかどうかは、とにもかくにも、自治体職員が自分たちで解決できる範囲やレベルの限界をいかに認識するかどうかにかかっている。このためには、積極的な情報開示に加え、日頃から住民や関係団体との接触の場をできるだけ多く持つように努め、真摯に耳を傾けることがその出発点となろう。

【参考文献】

（財）自治体国際化協会「英国の地方自治」（2003年1月）。
―――「マンスリー・トピック」（2006年10月）。
（財）自治体国際化協会クレアリポート第253号「英国の地域再生政策」（2004年3月）。

────第272号「英国の地方選挙風景（地方版マニフェストの実情）」（2005年10月）。
────第282号「英国政府報告書（2）」（2006年6月）。
（財）自治体国際化協会クレア海外通信「地方自治白書で示されるイギリスの地方分権の動向」（2007年2月）。
サザック区　http://www.southwark.gov.uk/Public/Home.aspx

第5章 大ロンドン市が営む最大のビジネス
——ロンドン市交通局の行政経営と交通政策

1 ロード・プライシング

　GLA（Greater London Authority：大ロンドン市）はブレア政権が打ち出したGLA法（the GLA Act 1999）によりロンドンの広域行政を担う機関として誕生した。ロンドンの交通行政を担うロンドン交通局（Transport for London: TfL）は、このGLAに従属する機関である。TfLの所管する業務は、交通行政に関する政策策定だけでなく、公共交通サービスの直接的な提供も含まれる。

　ロンドンにおける交通政策の成功例としては、2003年2月のロード・プライシング導入が挙げられるであろう。それ以前のロンドンは、世界で最も交通渋滞がひどい都市の一つとして数えられるほどであり、渋滞ピーク時の自動車平均速度は東京都区部の17.5km/h（1997年）に対し、ロンドンは15.9km/h（1997-2000年）であった。道路混雑は、東京都をも上回るものなのである[1]。ロンドン交通局長（TfLの副会長、会長はロンドン市長が務める関係で、実質的な局長はこの副会長が務めることになる）の話によれば、ロード・プライシングを導入した区域内は導入当日から道路混雑の好転が見られたという。現在、ロンドンにおける道路混雑解消の成果は世界的にも大きな注目を集めているところであり、東京都がロード・プライシング検討委員会を設置したことからもその影響力の大きさが伺い知れよう。

　ロード・プライシングの導入としてケン・リビングストン（Ken

Livingstone）ロンドン市長が創設した「混雑賦課金（Congestion charge）」については、日本の文献においても数多くの論評が行われている。しかし、その多くは英国内の文献をもとに作成されたものであり、なぜ導入できたのか、そしてどのような思想的基盤をもとに導入されたかについて、現地取材を元にまとめられたものはほとんど見受けられない。本章は、ロンドン市交通局のご協力を頂き、実際にロンドン市内にある TfL 事務所本部への視察（2006年3月6日）を行うとともに、交通政策上の市長の次の立場にあたるロンドン交通局長のデーブ・ウィツェル（Dave Wetzel）からの直接のレクチャーを受けることが出来た。ロード・プライシングの導入は地域住民の生活に大きな変革を与えるものであり、もし日本において同制度を導入するとなれば、さまざまな困難に直面することは想像に難くない。

　本章では、TfL の政策の現状をまとめるとともに、「混雑賦課金（Congestion charge）」の創設に携わったロンドン交通局長本人からの実地インタビューをもとに考察を進めている。彼の言葉をもとに TfL の交通政策とそれを支える思想的基盤、そして政策担当者から見た制度導入時の課題について概観することが、以下においての目的である。

2　混雑賦課金の導入と公共交通の充実

1）混雑賦課金の導入

　ロンドン市の広域的政策は、公選の市長であるケン・リビングストンを最高責任者とする GLA が担っている。GLA は GLA 本体の他に TfL（ロンドン市交通局）、LDA（London Development Agency）、LFEPA（London Fire and Emergency Planning Authority）、MPA（Metropolitan Police Authority）から成るグループ（GLA グループ）を形成している。TfL の最高責任者はグループのトップであるロンドン市長であり、ロンドン交通局長は市長からの指名を受けるなど、GLA の統制下に置かれている。TfL は、ロンドン市内の鉄道、地下鉄、路線バス、道路交通、テムズ川の船舶交通な

ど幅広い交通政策を所管するとともに、様々な公共交通サービスを提供している。

　TfLが創設された当時（2000年）、ロンドンでは慢性的な道路混雑が社会問題化していた。その経済的損失は1週間で200〜400万ポンド（約4億2000万円〜8億4000万円）に及ぶと推計され、ロード・プライシングを含めた道路混雑の緩和策が検討される状況にあった。

　1998年12月にGLA法案が国会に提出された。この法案では、市長・議員の公選に関する規定が明記され

写真5-1　ロンドン・ウェストミンスターのTfL本部

るとともに、年間10億ポンド（約2,100億円）までの自動車税を賦課する権限を市長に認める内容が盛り込まれた。法案成立後の2000年5月、ロンドン市において英国では初めてとなる市長公選選挙が行われたわけであるが、この選挙で選ばれたのがケン・リビングストン（現ロンドン市長）であった。

　リビングストンは、選挙への出馬に際し交通政策に関する幾つかの公約を掲げた。その一つは、PFIの導入によりインフラ整備に対する投資が適切に行われず、安全対策不足が指摘されていた地下鉄の再整備を行うことである。もう一つは、資金難や交通渋滞のため十分な輸送能力を発揮していなかった路線バスの復活である。彼はこれらの公約により、住民の足となる公共交通機関の利便性向上を実現しようとしたのである。

　そしてもう一つ、公約のなかで最も重要な項目として掲げられたのが混雑賦課金の導入であった。これは、GLA法により市長に付与された自動車税に関する権限を元に、セントラル・ロンドン（Central London）と呼ばれるロンドン中心部約21km^{2}の区域に入る自動車から1日5ポンド（約1,100円）を徴収し、ロンドン中心部の道路混雑を解消するというものであった。混雑

賦課金の導入は自動車利用の規制をもたらすものであり、これを実現する為には、自動車利用を代替する交通手段として公共交通サービスを充実する必要があった。ケン・リビングストンは、混雑賦課金の導入により得られる財源を、公共交通インフラの整備・促進に利用しようと考えたのである。

　しかしながら、ケン・リビングストンの当選後、同制度の導入までの道のりは順風満帆とは行かなかった。ロンドン交通局長のデーブ・ウィツェルは次のように説明している。

　「彼は、公約を掲げ当選を果たした。そして、当選した最初の任期中に混雑賦課金を導入しようとしていた。しかし、副市長を含めたGLAの幹部全員が導入に反対する状況にあり、制度導入への着手は難航を極めた。このよ

図表5-1　混雑賦課金の導入地域

うななかで、TfLは混雑賦課金の導入に対し理論的正当性を与える努力をした（ちなみに、混雑賦課金の徴収額について、デーブは1日に付き55パウンドが妥当と進言したようだが、実際は5パウンドに落ち着いている）。そして、2003年2月、ケン・リビングストンは周囲の反対を押し切り、ついに公約を果たしたのである」。混雑賦課金の導入が住民の生活に対する大きなインパクトを持つだけに、組織内の反対も非常に大きかった。さらに、導入にあたっては、市民団体やマスコミ等の反対も大きかったという。しかし、それも長くは続かなかった。デーブ・ウィツェルは混雑賦課金の導入初日の様子について次のようなエピソードを語ってくれた。

「TfLでは、導入当初から、政策の成功について確信を持っていた。導入の当日である2003年2月17日、混雑賦課金導入に反対するデモ隊とマスコミ各社がセントラル・ロンドンの路上に待ち構えていた。混雑賦課金導入について、その失敗の現場を報じようとしていたのである。しかし、彼らの試みは失敗に終わった。いつもは渋滞しているはずの路上はガラガラだったのだ」。

TfLは、制度の対象となる区域に流入する自動車のナンバーをカメラで読み取り課税管理を行うという高度なITシステムを導入するとともに、路線バスやタクシーなどの公共交通車両については課税対象から除外するなど、細心の配慮を行った。また、制度導入時の混乱を避けるため、学校の休業期間を開始日に選定するなど、政策担当者の綿密な計算も功を奏し、セントラル・ロンドンの道路混雑は大きな混乱もなく目を見張る改善を見せたのである。

2) 公共交通の充実

混雑賦課金の導入と同時に、公共交通サービスの充実も行っている。たとえば、路線バスの運行について、これまでの規制を撤廃し民間企業の新規参入を自由化している。路線を市への登録制とすることで、運行路線の管理も可能となった。民間企業は、採算のとれる路線にのみ登録を行うため、採算の取れない路線については登録が行われないことになった。この登録が行

われなかった路線の運行に対しては補助金を交付することにより、政策上必要なバス路線全体を維持していくようにしている。地下鉄インフラについても各駅に安全対策を施すとともに、設備の近代化を図った。プリペイド式のICカードである「オイスターカード（Oyster Card）」の導入は、改札口の混雑解消につながるだけでなく、路線バスの乗車にも利用できるなど、地下鉄と路線バスのシームレスな移動を可能としている。

　このように、混雑賦課金は目的税として徴収され、その財源は公共交通インフラの充実に充てられている。一つの政策判断が起点となり、道路混雑の解消と公共交通の充実という二つの課題が改善されたのである。

　TfLは、混雑賦課金の導入後の経過について、混雑賦課金年次報告書（C-Charge Annual Report）を公表した。この報告書によると、混雑賦課金を導入した地域における政策的成果について、次のようなことがまとめられている。「混雑賦課金の導入後、地域内の交通量は15％減少した。これに伴いロンドン中心部の道路混雑が30％改善されるに至った。さらに、懸念されたロンドン経済への影響についても、2003年中の調査結果により直接的な影響が小さかったことが実証された」。

　年次報告書の発表に伴い、ケン・リビングストンは次のようにコメントしている。「道路混雑の管理を始めた最初の年に得られた調査により、管理された地域は道路混雑が改善され、地域を行き交う人々の要求を満たすバス運行が行われていることが確認された。また、混雑賦課金の導入当時から、ロンドン中心地での事故数減少の兆しが示された。労働者であるか、買い物客や観光客であるかに関わらず、ロンドンの中心部を行き交う誰もが混雑管理による交通量の減少により利益を得ている」[2]。

　彼の言葉通り、ロンドン市内の2004年中の交通事故死は前年と比較して20％以上減少している。これが混雑賦課金の導入による成果であることは疑う余地が無いであろう。さらに、交通量の減少に伴い二酸化炭素排出量が減少するなど環境面への好影響がもたらされた。混雑賦課金の導入は、道路混雑の解消だけでなく交通量の減少に付随するさまざまな成果をもたらしたのである。

3 TfLの交通政策を支える政策理念

　現在、世界的な課題として公共交通サービスの収入減少による交通行政上の財政難が挙げられている。自動車社会の進展によりマイカー利用者が増えていることが主な原因であるが、これは、日本や英国だけでなく先進国共通の問題と言えるだろう。さらに、自治体の財政状況悪化のなかで、公共交通への政策的補助への期待も望める状況ではなくなっている。このような状況において、ロンドン交通局は過去5年間、比較的良好な予算確保に成功しているという。この話を踏まえ、公共交通の先駆者としての立場から、公共交通問題の解決についての示唆を受けるべく、デーブ・ウィツェルへの質問を行った。

　彼の話のなかで特に重要視されているのは、公共交通政策を行う上での政策理念である。この根底にあるのは、公共交通のインフラの整備・維持に必要なコストを誰が支払うべきかという本質的な問題である。彼は次のように述べている。

　「地下鉄を延伸する場合、それはもちろん地下鉄を利用する顧客にメリットをもたらすだろう。しかし、本当にメリットを享受するのは、地下鉄の延伸により資産の価値が上昇する土地の所有者ではないだろうか。もし、地下鉄の延伸にかかるコストを運賃のみで賄うとすれば、貧しい住民層に過重な負担を強いる結果となり、不平等を生じることになる。移動手段として地下鉄の利用が不可欠であり、その利用者が比較的貧しい層の住民であることを考えれば、本当にメリットを受ける者が誰なのかを熟思したうえで負担の方法を決める必要があるだろう」。

　このような理念を支えるものとして、デーブ・ウィツェルは他国の事例を挙げながら次のようなエピソードを語ってくれた。

　「30年前にペンシルバニアのパリスコープ市（人口約5万人）において、公選の市長であるスティーブン・リードが不動産税を導入した。その結果、未利用だった土地のうち85％が活用されるようになり、企業の投資を呼び

込むことになった。導入以前、法人税の対象となる企業は 1,900 社に過ぎなかったが、現在では 9,000 社に上っているという。これに伴い、失業率は 20％以上改善し犯罪率も 58％低下することとなった」。

さらに、デーブ・ウィツェルは、混雑賦課金の導入に関しても次のように言及された。

「財源を持続可能なものにするためには、利用料金以外で自然界に存在する自然物に対して課税することが重要である。この考え方は、混雑賦課金の導入についても同様のことが言える」。

彼が意図したのは、地下鉄の延長に関してその沿線の土地が限られた資源であるのと同様に、道路の交通量にも限度があり限られた資源であるという考えに立ち、この限られた資源である道路使用に対して課税を行ったのが混雑賦課金であるということである。

彼の話から、混雑賦課金導入をはじめとする TfL の交通政策が、サービス利用者以外の受益者の負担と自然物への課税による持続可能な財源確保という二つの政策理念を支柱として構築されていたことがわかる。大都市ロンドンにおいて混雑賦課金導入というドラスティックな改革を行う為には、世界レベルの事例を踏まえた確かな政策理念が必要とされたのである。

ロンドンにおける近々の課題としては、2012 年のオリンピック開催がある。これに伴い、TfL は 2012 年までに、100 億ポンドを投資して、DLA（Docklands Light Railway）の輸送能力強化、地下鉄駅の近代化、イーストロンドン線の延長、ジュビリー線の輸送能力向上などを行う予定である[3]。これらにより、毎時 24 万人をオリンピックパークへと運ぶ能力を実現するという。これに関連して、2005 年 8 月には混雑賦課金の徴収額をそれまでの 5 パウンドから 8 パウンドへと値上げしている。その理由として、道路混雑が予想以上の減少を見せたことにより財源不足に陥ったことが挙げられるが、混雑賦課金の値上げにより確保される財源はオリンピック開催に伴うこれらの交通インフラの整備にも用いられることになるであろう。

TfL の今後の展望として、デーブ・ウィツェルはパリスコープ市の例を挙げながら次のように付け加えている。

「ロンドンのような大都市で、不動産税をかけることができればさらに大

きな成果を上げることが出来るだろう。不動産税が他の税金と違う点は、これが経済の足かせにはならないということである。土地の価値に税をかけることは、遊休地の有効活用の促進に繋がる。これを差し置いても、資産の少ない勤労者に負担を強いるよりも、不動産を持つ資産家に

写真5-2　ロンドン市交通局長 Dave Wetzel 氏

税金を賦課することの方が、公平性を保つ上でも重要であるのではないか」。このような考えをもとに、デーブ・ウィツェルは、混雑賦課金だけでなく不動産税の徴収によりインフラ整備の財源を確保したいとの方針を語ってくれた。

4　わが国の交通政策への示唆

　ロンドン市におけるロード・プライシング導入の例では、道路混雑の解消と公共交通機関の立て直しという難しい課題を一つの政策的決断により同時に解決している。ここで重要なことは、公共交通機関の整備に係る費用が既存の財源ではなく、制度の変革により生み出された新たな財源により賄われていることである。そして、この政策の導入は世界的な視野を踏まえた政策的理念により支えられていた。交通政策に携わる世界中の職員に対し、デーブ・ウィツェルは次のような示唆を与えてくれた。
　「交通政策の担当者に対して私が最も言いたいことは、公共交通の維持に関する財源をその利用者から徴収する運賃だけで賄うべきではないということである。公共交通機関の整備は、その区域全体の利便性や土地の価値を高めるという意味で、あらゆる住民や企業に便益をもたらしている。公共交通機関の整備により恩恵を受ける受益者は、公共交通機関の利用者だけではないのである。そもそも、利用者からの運賃は持続可能な財源とはならない」。
　現在の日本において、行政サービスにおける受益者負担の重要性が問われ

ているが、この問題を考える場合には、誰が本当の受益者なのかを熟慮したうえで負担の方法を考える必要があるのではないだろうか。また、行政機関の本質に立ち返り、「民間が行わないサービスを行政が税金を投入してサービス提供を行う」という「補足性の原理」についても再考する必要があるだろう。

　今回のヒアリングにより改めて感じたことは、一つの新しい政策が住民生活や社会構造までをも大きく変え得るということである。日本において国や地方自治体の経営に変革が求められるなか、この事実を十分に認識していくことは重要なことである。このような意味でも改革の実践者であるロンドン交通局長から交通政策におけるロンドンの実情を見聞出来たことは、非常に得難い経験となった。

【注】

1) 東京都環境局Webサイトより。東京都は、ロード・プライシングの海外事例として、ロンドンにおける混雑賦課金導入について、「ロンドンの混雑課金制度(2004年11月24日更新)」と題し事例を紹介している。同サイトでは、ロンドンの事例の他、シンガポールの事例も紹介されている。
2) TfL Webサイトより。TfLは、2004年4月26日プレスリリース「TfL Publish C-Charge Annual Report」により、混雑賦課金制度に関する年次報告書の主な要点をまとめるとともに、制度導入の成果に関するケン・リビングストンの声明を公表している。
3) TfL Webサイトより。TfLは、2004年10月27日プレスリリース「TfL publishes five-year Business Plan」により、2012年開催予定のロンドンオリンピックに伴うビジネスプランを公表している。このプランでは、2005年度から5カ年の計画が示されているが、既存インフラの改善だけではなく、イーストロンドン線の拡張など、オリンピック開催に向けた新しいプロジェクトへの投資について具体的な計画が示されている。

【参考文献】

株式会社IDGジャパン、『CIO Magazine』2003年12月。
(財)自治体国際化協会、『英国の地方自治』2003年1月31日。

Transport for London,『TfL Publish C-Charge Annual Report』, 2006.
ロンドン交通局（Transport for London）　http://www.tfl.gov.uk/tfl/
ロンドン市（Greater London Authority）　http://www.london.gov.uk/
東京都　http://www.metro.tokyo.jp/
東京都環境局　http://www.kankyo.metro.tokyo.jp/
EICネット（独立行政法人　国立環境研究所）　http://www.eic.or.jp/

第6章 オリンピック開催とロンドンの都市再生
―― ロンドン開発公社の葛藤

1 サスティナビリティ

　英国のブレア首相が就任当初「クールブリタニカ」キャンペーンにより、観光・ファッションなどの分野と連携し、「カッコいいロンドン」というコンテンツによって国のイメージを統一的に発信する政策を始めた。この背景には、グローバリゼーションやEU統合の進展に伴う激しい都市間競争が存在している。特にロンドンにおいては、世界の金融・ビジネスセンターに象徴されるように、世界有数の競争力を誇りながら、既存の競争力に安住することなく、地域再生政策などさまざまな政策を実施しているのである。
　英国は、18世紀の産業革命を経て、世界においてもっとも早く都市化した国であったが、戦後における日本をはじめとした諸外国の目覚しい発展において、その地位は揺らぎ、産業の衰退が都市と社会の衰退に繋がり、「英国病」「老大国」と揶揄さるようになった。そうしたことから、政府の最重要課題として、都市の再生にも取り組まれ、「地域再生」は英国において古くて新しい重要な政策課題のひとつであるといわれている[1]。
　ところで日本においては、バブル経済崩壊以降の「失われた10年」を過ごし、ようやく「地域の重要性」を再認識し、政府は地域経済の活性化と地域雇用の創造を地域の視点から積極的かつ総合的に推進するため、2003年10月に内閣のもとに地域再生本部が設置されたことから、英国の地域再生に向けて歩んできた過程を理解することは、多くのインプリケーションを得

ることのできる作業である。

　本章では、大ロンドン市（Greater London Authority: GLA）の経済開発部門の執行機関であるロンドン開発公社（London Development Agency: LDA）の取り組み概要を、2006年3月10日に実施したヒアリングに基づいて整理する。筆者の英国視察は、2003年7月以来今回で2度目になる。いずれの訪問先でも必ず使われていたフレーズがある。それは「サスティナビリティ（Sustainability）」という用語で、わが国では「持続可能性」と訳されるが、そんなに簡単な訳では終わらせることのできないものである。サスティナビリティは、環境や福祉、教育、経済と人々が息づくすべての分野に対応したまるでシステムのような政策概念として存在し、かつ地域への想いと誇りが詰まった言葉であると理解することが必要なのである。英国ロンドンの地域再生[2]への取り組み事例を考察しながら、英国視察において触れたサスティナブルな都市像にも言及しつつ、英国の地域政策の展開と特徴を考察し、日本の地域再生におけるガバナンスの方向性を探ることが、本章の目的である。

2　英国の地域再生政策

　世界に先駆け都市化した英国にとって、地域再生を考える起点となったのが、1960年代後半から1970年代にかけての都心部の荒廃、空洞化という「インナーシティ問題」である。当時、英国の主要都市のほとんどが、人口の急速な減少と、同時に進行する失業者の増大という問題を抱えていた。この要因は、都市化により工場等の拡張スペースが不足し、郊外に移転先を求めたことや、より良い環境や質の良い住宅を求めたことにある。人口流出の流れのなかで、貧困層、高齢者、少数民族などの社会的弱者は都心部に残り、若年労働者、熟練労働者が流出していき、人口構成上のアンバランスが生じることになったのである。こうした事情から、地域再生政策は、概ね二点に絞って展開されることになった。一点目は、政府等による荒廃地域に対する集中的な財政支援措置、二点目には、パートナーシップを通じた事業運営方式の

採用である。これらは、特に地域を限定したエリアでとらえようとするわが国の構造改革特区とは方向性が異なるものである[3]。

1980年代より、これらに対する抜本的対策として、現在まで3つの政権が誕生し、それぞれが特徴をもった地域政策が展開された。サッ

写真6-1　ロンドン・ドッグランズ地区

チャー政権（1979-1990年）による地域再生は、市場原理を重視し、パートナーシップの積極的な活用を提唱しながら、都市開発公社[4]の創設やエンタープライズゾーン[5]の設定など規制緩和と民間活力の導入によって大規模な都市開発が進められた。これらの政策によって高い失業率と人口流出による典型的な衰退エリアであったロンドン・ドッグランズ地区（Docklands）など英国の都心部は復活の兆しを見せたが、一方で他の都心部の荒廃地域の衰退は進んだ。要因として、社会資本整備に傾注し、地域住民に対する教育や職業訓練の提供など、中長期的な観点からの政策が欠けていたとされる。こうした状況の中、英国の地域再生はそれまでの開発重視の再生から、社会サービスを念頭にした総合的な再生へと転換していった。

メージャー政権（1990-1997年）では、サッチャー政権の政策を継承し、市場原理によるPFI導入などに取り組むとともに、地域基盤整備のため住宅団地再生を実施し、1991年に導入されたシティ・チャレンジ（City Challenge）[6]、各省庁に計上されていた地域再生関連予算の簡素化と執行化を図るため、1994年に導入された単一振興予算（Single Regeneration Budget、以下SRB）[7]の補助金が制度化された。この制度は、インフラ・住宅整備に留まらず、雇用の確保や犯罪治安対策など幅広い分野を対象とし、競争原理を基本とした補助金の配分、事業実施主体の裁量の拡大、地域コミュニティの参加が義務づけられたパートナーシップによる申請を原則としたことなどに大きな特徴がある。また、より地域に即した政策をトップダウンで主導できるよう政府地域事務所（Government Offices for Regions）を設置したことにも留意しなければならない。

ブレア政権(1997-2007)は、サッチャー政権以来の市場原理を重要視しながら、社会政策に力点を置き、特にこれまでの課題であった荒廃地域とそれ以外の地域の格差是正のための政策を実施した。主な補助制度として、1998年導入のコミュニティ・ニューディール資金(New Deal for Communities)[8]や2001年導入の近隣地域再生資金(Neighborhood Renewal Fund: NRF)[9]が制定されている。この二つの制度の目的は同じであるが、後発のNRFにおいてはより地域住民の声を反映させるため、これまでの制度と違い競争原理を導入した申請方式ではなく、荒廃地域を抱える自治体への政府からの配分方式を導入し、重点的に資金を投入できるようにしている。また、ブレア政権による政策のもう一つの特徴として地方分権の推進があげられる。地域開発公社(Regional Development Agency: RDA)は1998年の地域開発公社法(Regional Development Agencies Act 1998)によって設置が定められた。地域政策のリージョン・レベルの向上を目指し、前述の政府地域事務所の目的を継承しつつ、英国における9つのリージョンを対象として1999年4月に発足したのである。RDAの設立時に、より地域のニーズに合わせた柔軟な予算配分が可能となるよう、SRBなどのさまざまな地域再生関連の事業の所管も移行されている。

3　ロンドン地域再生への取組み

1) 地域再生を支える地域開発公社

英国の今日につながる行財政改革の取り組みは、各政権において、さまざまな取組みがされてきたことは前述のとおりである。行政サイドにおいては公共サービスを強制的に入札にかける強制競争入札制度やPFI、エイジェンシー化など国主導によるさまざまな行財政構造の抜本的な改革が断行されてきた。そしてそれらを戦略的に支える組織・制度の変革も行われ、地域の経済開発を担う組織として、RDAが設立された。

RDAには、一般的に意思決定機関として理事会が設置され、その構成メ

ンバーとして、地方自治体、地元産業界、教育界、労働組合、ボランタリー団体など多くの分野から選出され、地域利益を主眼とした運営が期待されている。RDA は次のような目的をもって設立された。
① 地域の経済開発および再生を促進すること。
② 地域の事業効率・競争力を高めることおよび投資を促進すること。
③ 地域の雇用を促進すること。
④ 地域の雇用に結びつく技能の開拓およびその応用を促進すること。
⑤ 英国における持続的発展に資すること
また、以上の目的を達成するために、次のような権限を行使することができる。
① 財政的支援を行うこと。
② 土地を処分すること。

RDA の事業内容は、経済開発を中心に都市開発・雇用・環境・交通政策などまちづくりに関る広い分野に及んでいる。これまで、各セクターが個別に対応してきた政策、事業を相互に関連づけ、より効果の高いシステムとして機能させ、地域ニーズにあった政策を展開していこうとするものであろう。また、その財政内容は政府補助金と所有地売却などの自己財源が主である[10]。官だけでなく、必ず民の力が必要であり、それを補完するために「パートナーシップ」は大きな役割を果たしている。

2) 財政的支援とパートナーシップ

英国における地域再生におけるパートナーシップの歴史は、1970 年代から始まり、特に 90 年代初頭から国の政策においても重要視されてきた。また、パートナーシップという言葉は、今日の英国においては、行政関連に限らず頻繁に見ることができる。これも政府の長年にわたる政策の一貫性の賜物であろう。また、そのあり方も多様で、複数のプライベートセクターが合弁事業を行うような場合をパートナーシップと呼んでいる場合もあるし、短期間の事業を官と民の協働で行う場合にもパートナーシップという名称が用いられている。

RDA の予算において、最も大きな位置を占める政府の補助金制度[11]であ

る単一予算（Single Budget: SB）では、その予算の獲得にあたって事業主体として地元経済界、ボランタリー部門、コミュニティ等から構成される官民のパートナーシップの形成が義務化されており、幅広い地元組織の参画が前提とされている[12]。また、パートナーシップの進化した形として、昨今、英国の企業が積極的に取り組んでいるテーマのひとつにCSR（Corporate Social Responsibility：企業の社会的責任）がある。これは企業が地域社会と緊密な関係を築くための活動を推進していこうという考え方で、英国における中小企業を対象とした調査によると約60％の企業が「何からの形で地域社会の利益に貢献しようと努力している」と回答している。そうした活動を英国政府は支援しており、「企業及び企業を取り巻くコミュニティにとって、双方の利益になる活動がCSR」とメッセージしている[13]。

4　ロンドン開発公社

1）経済開発戦略

今回のロンドン開発公社（LDA）の視察では、戦略政策ネットワーク部門の戦略マネジャーであるA. ミシュラ（Ashish Mishra）氏に詳細なヒアリングを行うことができた。A. ミシュラ氏の前職は、インドネシアの国連機関。330の母国語を持つ人々が形成する世界都市ロンドンにふさわしい、紳士かつバイタリティ溢れる人物であった。以下においては、ミシュラ氏へのヒアリング内容を整理して、LDAの取り組みを概観することにする。

LDAは、1998年制定の地域開発公社法（Regional Development Agencies Act 1998）に基づき、英国内の9つある地域開発公社の一つとして2000年に設立された。LDAは、GLAの執行機関[14]であり、LDAの事務総長の任命権はロンドン市長にある。ロンドン市長のビジョンは、「持続可能な世界に通用する都市」であり、それを受けてLDAのミッションは「ロンドンにおける持続可能な経済成長と開発のサポート」となっている。つまり、業務としては、現在のロンドンの課題である人口増大および高コスト社会の抑制、

第 6 章　オリンピック開催とロンドンの都市再生　　107

貧困地域における教育機会の不均等化、住宅不足、交通渋滞などを解消するため、GLAのロンドン計画に基づいた経済開発戦略（Economic Development Strategy）を策定し、推進していくことである（図表 6-2 参照）。

写真 6-2　Ashish Mishra 氏と筆者

ここにおいて図表 6-1 にあるように、ロンドン市長の重点プログラムては、①健康（健康を経済的に捉えることにより、他の諸課題にも取り組むことが可能となる）、②持続可能（すべての近代国家は、持続可能な成長を保つことができる要因を持っている）、③機会均等（ロンドン市におけるさまざまな課題に対応するための基本的姿勢であり、その中には人種、ジェンダー、障害などに対する差別解消の意味も含んでいる）といった 3 点が重要視され、施策に反映されている。

図表 6-1　ロンドン市長の重点プログラム

　　①健康（Health）
　　②持続可能（Sustainability）
　　③機会均等（Equality）

（出所）　ロンドン開発公社ヒアリング資料

図表 6-2　LDA の経済開発戦略

〈視点〉
①生産性の改善
②経済成長の促進
③ロンドンの富をすべてのロンドン市民が共有すること
④世界的懸念である環境問題の改善

〈投資の主要なテーマ〉
①社会的基盤への投資（住宅建設、公共交通の強化）
②住民に対する投資（人材育成⇒生産性に影響）
③企業への投資（職場の多様性への啓発、起業のサポート等）
④国際都市ロンドンのイメージ及び環境への投資

（出所）　ロンドン開発公社でのヒアリング資料を基に、加筆し再編成

LDAでは、概ね10年を展望する長期プランである経済開発戦略を策定し、その戦略に沿った形で今後の地域において優先的に取り組む事業内容、計画がコーポレート・プラン（Corporate Plan）として示され、さらに単年毎の目標を示したビジネス・プラン（Business Plan）が策定され、指標ごとに業績評価されている。また、その結果は半年毎に冊子『SNAPSHOT』として公表されている。

2）LDAとロンドンオリンピック

　ロンドンという都市は、世界で最も活性化している都市のひとつである。その要因は、
① トロントに次ぐ、世界で2番目の多様性を持ち合わせていること。
② スキルの高い労働者が集まり、高い生産性を発揮していること。
③ フォーチューン誌が選出する上位500社のうち、ロンドン市内には約30数％の企業が集積し、世界的に主要な役割を果たしていること。
とA.ミシュラ氏は指摘していた。
　2012年にロンドンで開催される夏季オリンピックは、今後のLDAの最大の懸案事項であるが、ロンドンの課題を解消するチャンスでもあるようだ。会場予定であるロンドン東部地域は、貧困地帯であり本来地域再生の重点地域である。このエリアを単なるオリンピック用地のための整備地域と見るのではなく、ロンドンの抱える課題を一気に解消するためのチャンスをもたらす地域として、「地域再生」に取り組もうとしている。オリンピック開催都市決定の要因のひとつとして、地域の再生をも含んだオリンピック誘致計画であったことも、好印象を与えたのではないかと推測している。
　LDAの地域再生の特徴を整理すると、
① 特に貧困地区をターゲットにしていること。
② 官と民の連携、パートナーシップが基本であること。
③ サスティナビリティの考えが深く息づいていること。
に集約されるだろう。
　特に、サスティナビリティは、これまでのような環境問題の解決手法の概

念ととらえるのではなく、今や人種・雇用などにおける総ての差別の解決とのバランスを図りながら、社会・経済を将来に向けて発展させようとする総合的アプローチの基本的思考なのである。

5　英国の地域再生から学ぶ

　本章では英国ロンドンの地域再生を考察してきた。その結果、日本の地域再生にとって大きなヒントになるものとして、パートナーシップを支える強力な地域ガバナンスの存在を最後に結論として整理しておきたい。

　英国の地域再生には、パートナーシップの形成をSBなどの補助金の交付要件とし、再生の重要な担い手である地域住民の人材育成の経費をも補助金に含めて、資質・能力の向上に繋げていこうとする細かい配慮が含まれている。現在、わが国においても、従来型の自治会などとは趣を異にした地域住民、企業、大学、NPOなどさまざまな人達が、地域に関心を持ち地域再生に参画するようになってきた。こうした参加の活発化は、ライフスタイルの変化に加え、まちづくりへの関心の高まりや自治体の行財政改革が影響していると考える。人口減少社会における地域再生のためには、多様なセクターの参加者が活動のみに留まらず、将来の地域ビジョンの策定にも参画できうる主体的なパートナーシップのあり方を、制度財政的支援を柱に本格的に議論する時期が来ているのである。英国で実施されている地域再生政策が、すべて軌道に乗っているわけではないだろう。しかし、英国の取組みは、常に新しいことに挑戦する先駆精神をみることができる。

　もとより今回の英国視察で、多くの都市を訪問し、そしていずれも素晴らしい都市であると実感した。環境にやさしいまち、緑あふれるまち、富裕層の多いまち、有色人種の多いまち、誇り高き文化の香るまちなど、まさに英国は多様性に富んだ都市ばかりであった。多様性の持つメリット・デメリットのすべてを呑みこみ、国として地域としてサスティナビリティな活動を続ける英国、そして経済的に満たされるだけでなく、世界から「品格のある都市」として尊敬され続ける「カッコいいロンドン」。それがこの国、都市と

しての自信なのではないだろうか。英国・ロンドンを訪れ、この世界都市の品格と自信に触れ、地域再生に向けた新たなインスピレーションを感じたことは、今後の大きな視座になった。

【注】

1) 中島恵理著『英国の持続可能な地域づくり』学芸出版社、2005年、12頁。
2) 地域再生とは、「地域、主に都市地域が抱える諸問題を解決に導くとともに、変化の影響を受けやすい地域経済、社会及び環境面における諸条件を長期的視点で改善することを目的として実施される総合的かつ統一された計画又は行政活動」である。
((財)自治体国際化協会『英国の地域再生政策』CLAIR REPORT 第253号、2004年、1頁)
3) 自治体国際化協会『海外事務所特集イギリスにおける地域再生政策の現状』http://www.clair.or.jp/j/forum/forum/sp_jimu/178_1/
4) 英国の都市開発公社は、日本の自治体の所管する公社とは、大きく異なり、政府の補助金を主な財源とし、限られたエリアに対し、土地の収用・開発、基盤整備、計画実行者となるあらゆる権限を保持している。
5) 規制緩和および税制優遇措置対象地域。
6) 自治体、民間企業、非営利住宅セクターなどのパートナーシップ組織からの優れた提案内容に対し、補助金を交付する制度。
7) 財源は政府であるが、予算管理は地域開発公社に帰属し、裁量の度合いを高めることを目指した。現在は単一予算（Single Budget）に名称が変更されている。
8) 地域間格差是正のため、英国において最も荒廃した地域に基盤をもつパートナーシップを対象として、補助金を交付する制度。
9) コミュニティ・ニューディール資金とは補助対象が異なり、自治体に対し集中的に財政支援を実施し、貧困改善、犯罪撲滅を目的に、医療、教育など地域サービスの不均衡を是正しようとするもの。また、地域の仲介役としての機能強化の意味合いも含めて、自治体のみが補助金の交付対象となっている。
10) 自治体国際化協会・前掲注2)、74-76頁。
11) 英国の地域再生事業における財政的支援は、EU、政府、自治体、準公的部門を出資者とする様々な制度がある。
12) LDAのA. ミシュラ氏は、この制度が根付いたことについて、日本と比較した場合、英国における「公」の役割が日本より限定されていること及び

国民の持つ資金的豊かさ（世界における日本国民の貯蓄率の高さ）に起因するのではないかと分析していた。
13) 詳しくは『QUALITY BRITAIN 2004』駐日英国大使館広報部発行、112頁参照。
14) イメージとしては、日本の地方独立行政法人に該当する。

【参考文献】

イギリス都市拠点事業研究会『検証イギリスの都市再生戦略』風土社、1997年7月。
辻悟一『イギリスの地域政策』世界思想社、2001年11月。
中島恵理『英国の持続可能な地域づくり』学芸出版社、2005年7月。
（財）自治体国際化協会『英国におけるパートナーシップ』CLAIR REPORT 第207号、2000年6月。
──────『英国の地域再生政策』CLAIR REPORT 第235号、2004年3月。
駐日英国大使館広報部『QUALITY BRITAIN 2004』2004年1月。
ロンドン開発公社　http//www.lda.gov.uk/
首相官邸：地域再生本部　http://www.kantei.go.jp/jp/singi/tiikisaisei/
自治体国際化協会　http://www.clair.or.jp/

第7章
英国第2の都市が目指す行政経営
―― バーミンガム市役所のうめき声

1　バーミンガム市長の椅子

　バーミンガム市（Birmingham City）は、イングランドの中部、ロンドンの北西に位置し、人口約100万人を擁する大都市圏ディストリクト（Metropolitan District Council）である。視察団一行は2006年3月8日早朝に、ロンドン市内のホテルを発ち、地下鉄に乗ってターミナル駅であるメリルボーン（Marylebone）駅に向かい、そこで列車をBRに乗り換えてバーミンガムへ向かった。

　今回の視察では、メリルボーン駅のようにロンドンから郊外の方面別に配置されたターミナル駅を何回か利用する機会があった。これは余談であるが、利用したどのターミナル駅でも、出発間際になってから乗車する列車のホームが決まる"システム"がとられているところに、何事にも厳格そうなイギリスのイメージとのギャップを感じて、正直驚いた。

　視察団は、午前中にバーミンガム大学を訪問した後、午後からバーミンガム市役所を訪問した。ルネッサンス様式のカウンシルハウス（市庁舎）に到着してから暫くの間、風格のある議事堂や市長（Lord Mayor of Birmingham）の執務室など、庁舎内を案内された。市長の執務室でひととおりの説明を聞いた後、一人ずつ市長の椅子に座り、思い思いのポーズで記念撮影という機会にも恵まれた。その後、視察団は別の建物に移動して、3名の職員から約3時間の説明を受けた。そこからは、絶えず改善と改革に取

り組むバーミンガム市役所の「うめき声」ともいえる、改革に向けた苦悩の姿を垣間見ることができた。

2 バーミンガム市の内部統制

写真7-1 バーミンガム市役所の庁舎

バーミンガム市監査事務局（Birmingham Audit）のジョン・ターナー（John Turner）氏からは、バーミンガム市の内部統制報告書（Statement On Internal Control: SIC）の概要について説明を受けた。

バーミンガム市のSICは、2003年の会計と監査に関する規則（The Accounts and Audit Regulation2003）により導入されたものである。これは、すべての自治体に対し、その内部統制が効果的に行われているかどうかについて報告する義務を課したもので、年次財務報告書の一部として位置付けられている。

バーミンガム市における内部統制には、大きく分けると、①自治体の政策

DATA

Birmingham City（バーミンガム市）

■行政区分：Metropolitan Borough（大都市圏ディストリクト）
■地　　方：ウエスト・ミッドランズ
■人　　口：992,400人（2004年度）
■人口密度：3,706/km^2
■面　　積：267.77 km^2
■概　　要：バーミンガムは、イングランド中部に位置し、人口規模では首都ロンドンに次ぐイギリス第二の都市である。産業革命の一翼を担った工業都市として知られている。

が実施されたか、②自治体の価値観が満たされているか、③法規制が遵守されているか、④必要な手続きが遵守されているか、⑤財務報告書などで公表された情報は正確で信頼のおけるものか、⑥人材、財源、その他の資源が効率的、効果的に管理されているか、⑦社会的な懸念に対応されているかという7つの領域がある。

写真7-2　Lord Mayor の椅子

　SIC のなかに含まれている上記の内部統制領域に対応した主要な統制事項は、次の12事項である。

① 政策、目的、計画……バーミンガム市の場合、市の計画で定められた目的が各事業部門のサービス計画につながり、それがさらにそれぞれの職員の業績目標、業績戦略につながっていることを意味する。
② 正式な指導……バーミンガム市の場合、市の憲章、財務的な規制、通達を意味する。
③ 組織構造……目的を達成するために資源を最大限に効率よく使っているかどうか。
④ 予算制度……目的を達成する支えとなるものであり、適任者が管理する必要がある。
⑤ 人事……自治体全体を通して適切な人事がなされているかどうかということであり、人材募集から選抜の過程、懲戒処分の過程、賞与の過程、業績管理の過程も含まれる。
⑥ 監督……内部管理がきちんとなされているか、弱点がきちんと報告されているかどうかということを意味する。
⑦ 業績の見直しとモニタリング……財務、その他の業績がきちんとモニターされているか、そして、このプロセスや手続が、職員すべてに理解されているかということが問われる。
⑧ 物理的な安全措置……自治体の所有する建物や情報にきちんとアクセスできるようになっているかどうか。

⑨ 職責の分離……職員の活動に存在するリスクを分配することによりリスク管理しているかどうか。
⑩ 公認と承認……政策や計画がきちんと遂行されているかどうかを確認する手続ができているか、合法的な活動が行われているか、自治体の活動がきちんと文書化されているかという点に関係する。
⑪ 会計……会計基準がきちんと遵守されているかどうか。
⑫ 情報システム……予算や業績指標など、自治体が目標を達成するために必要な情報が与えられているか、幹部レベルにまで業績がきちんと報告されているか、目標からそれてしまうことに対し早期に警報を発することができるかという部分に関係する。

さらに12個の統制事項とは別個に、これら自治体の活動すべてに関わってくるものとしてリスクマネジメントが位置付けられている。

SICを作成するに当たっては、責任の所在を明らかにするという意味で、事務総長（Chief Executive）と議会のリーダー（Leader）がSICに署名することを義務付けている。そこで、バーミンガム市においては、SICの作成を支援する目的で、部長から事務総長へ報告するための部長の保証報告書「Directorate Assurance Statements」と事業部門から部長へ報告するための事業部門の保証報告書「Divisional/business unit Assurance Statements」という2つの段階の報告書を作成し、それぞれの作成者がそれに署名するという原則を打ち立てた。これにより、それぞれの段階での責任の所在を明らかにしようとしたのである。

ジョン・ターナー氏は、この考え方を責任と保証「Responsibilities and Assurance」と題した図を用い、自治体組織を一番上層部に議員、下層部にスタッフを配置したピラミッドに例えて、「この保証報告書は下層部から上層部に持ち上がっていく形になる。つまり、すべての階層の人がサービスを提供する責任を負っている。一方、すべての階層の人がその状況をモニターして見直しする義務を負っている。そのために、どこに責任の所在があるかということをはっきりさせることが重要である。自治体の上層部が保証に関して余り注意を払わなければ、自治体全体で注意が向けられることはない」と力説した。

そして最後に、SIC を作成する方法について、内部統制報告書のモデル「Model of Statement on Internal Control (SIC)」と題した図（上部に自治体の保証報告書を置き、その下に下記の①〜④を並列に置いたもの）を用いて、「SIC は、①管理情報、業績情報、内部監査報告書、政策調査の報告書、外部監査の報告書などからなる事業部門ごとの保証報告書、②バーミンガム監査のトップが作成する保証報告書、③外部の監査官が作成する報告書、④社会福祉検査局、助成金検査局など外部のサービス水準検査機関が作成する報告書から集められた情報をまとめて、最後に自治体の保証報告書として作成されることになる。また、この根底にあるのは、すべてリスクマネジメントである」と解説された。

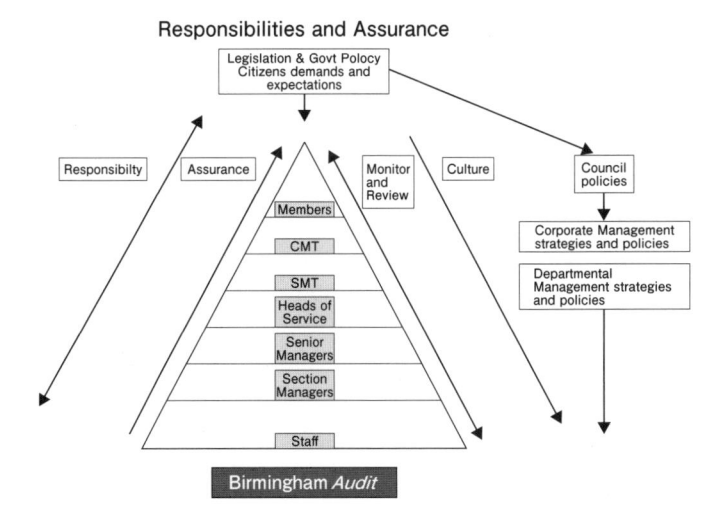

図表 7-1　責任と保証のモデル

3　バーミンガム市の業績管理

総合企画調整課（Corporate Policy and Performance Team）のウェンディー・テリー（Wendy Terry）氏からは、バーミンガム市における業績

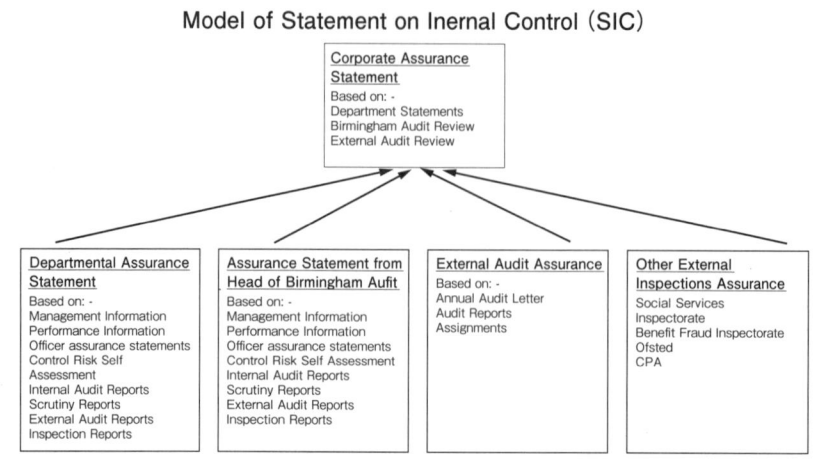

図表7-2 内部統制報告書のモデル

Model of Statement on Inernal Control (SIC)

```
                    ┌──────────────────────┐
                    │ Corporate Assurance  │
                    │ Statement            │
                    │ Based on: -          │
                    │ Department Statements│
                    │ Birmingham Audit Review│
                    │ External Audit Review│
                    └──────────────────────┘
```

Departmental Assurance Statement	Assurance Statement from Head of Birmingham Aufit	External Audit Assurance	Other External Inspections Assurance
Based on: - Management Information Performance Information Officer assurance statements Control Risk Self Assessment Internal Audit Reports Scrutiny Reports External Audit Reports Inspection Reports	Based on: - Management Information Performance Information Officer assurance statements Control Risk Self Assessment Internal Audit Reports Scrutiny Reports External Audit Reports Inspection Reports	Based on: - Annual Audit Letter Audit Reports Assignments	Social Services Inspectorate Benefit Fraud Inspectorate Ofsted CPA

RISK　　MANAGMENT

管理の概要について、次のような説明を受けた。

　バーミンガム市には、社会福祉・健康、住宅、地域サービスなどの7つの事業部門があり、11のディストリクトが置かれている。このディストリクトは市の一部であるが、独自に予算を組み、市の事業部門から直接提供するサービスと並行して一部のサービスを直接提供している。

　バーミンガム市における業績改善を進める上での主要な原動力は、①政府の行動計画（たとえば、近隣社会間における格差を減らしていこうというもの）、②ベスト・バリュー（Best Value）制度と「最少の経費最大の効果」（Value for Money）の追求、③LAA（Local Area Agreement：地域協定）やLPSA（Local Public Service Agreement：地域公共サービス契約）などの地域における協働体制（Partnership）、④包括的業績評価（Comprehensive Performance Assessment）の制度、⑤住民および職員の意見と期待（住民が必要とし住民が望む品質のサービスを提供することが重要）の5つである。

　また、バーミンガム市の計画の枠組みであるが、まず、バーミンガム市の戦略的パートナーシップ（Local Strategic Partnership）が作成した、『Taking Birmingham Forward』が最上位に位置付けられている。そして、これを支えるものとして4つの主要な計画があり、第一は、バーミンガム市のビジネ

スとしての優先事項を打ち出しているカウンシルプランである。第二は、上述したディストリクトのプランである。第三は、交通計画などの法定の主要な計画である。第四は、地域のパートナー、中央政府と合意に達した共同目標が記載されたLAAである。これらの計画の下に、財務計画、カウンシルプランに定める優先事項の短期的な目標を定めたパフォーマンス・プラン（業績計画）、各事業部門の計画、チームや職員個人の業務計画が、上から順に位置付けられて市の計画の枠組みが出来上がっている。

　バーミンガム市における業績改善のための主要なプロセスとしては、①四半期ごとに主要な優先事項をモニターすること、②月に１回、財務諸データを監視すること、③月に１回、既に業績不振とされている分野を調べること、④政策評価委員会（Overview & Scrutiny Committee）が政策の評価、調査を行うこと、⑤職員個人の能力開発計画の評価を行うこと、⑥半年に１回、政府の設定した全国レベルの成果指標（Performance Indicator）の見直しを行うとともに、政府が設定した最低限の水準に達しているかどうか調べること、⑦外部の監査機関からの勧告に対応しているかどうかの調査などが挙げられる。

　ウェンディー・テリー氏は、このうち、四半期ごとのモニタリングのプロセスと職員個人の能力開発について、さらに次のように説明された。

　まず、四半期ごとのモニタリングのプロセスであるが、モニタリングには、自治体の情報システムから抽出された情報を使っており、これを四半期ごとにパフォーマンス・プランの主要な目標に照らし合わせる。その際は、業績不振なところだけに焦点を当てるのではなく、非常に業績がいいところも対象となる。そして、この情報の正確さをコーポレート・チーム、戦略部長を含むマネジメント・チーム、主要議員といったような段階ごとにチェックしていき、最後に公式の報告書として市の内閣に上げることになる。

　この報告書の構成であるが、まず要旨があり、以下順に、目標を達成した事業部門のサービス、目標に達しなかったサービス、付記として業績の詳細が掲載されている。業績の詳細の部分は、内閣を構成するセクションごとに章が分けられており、また、その達成状況が目標以上か、同等か、それ以下かということを記号で把握できるようになっているため、議員は詳細を読ま

なくても、業績がすぐ把握できるようになっている。そして、この報告書が内閣で承認されたら政策評価委員会へ送付され、一連のプロセスが完了することになる。

また、職員個人の能力開発については、『Performance and Development Review』と題された13頁に及ぶA4版のシートを用いて行われているが、その構成は、順に、自治体の優先事項、職員個人の目標と成果、職員の能力、職員の能力開発計画、最後に研修計画となっている。また、目標が達成されたか、あるいは計画が適切なものかどうかを確認するため、この見直しは半年ごとに行うことになっている。

ウェンディー・テリー氏からは、これらのほかにも、さまざまな情報源から得られるデータを分析して計画に盛り込むプロセス「Forward planning process」に関すること、バーミンガム市の業績管理システムの強みに関すること、今後の業績管理の改善に関することなどについて、バーミンガム市役所特有のマネジメントのシステムが存在することが説明された。筆者はこうした指摘のなかから特に、バーミンガム市の業績管理において、PDCAサイクルがしっかりと組み込まれており、また、そのスパンが非常に短いということに大きな感銘を受けた。

4　イギリス地方自治の今後の動向

総合企画調整課のデイビィット・ノート（David Noott）氏からは、イギリス地方自治の今後の動向について次のような説明を受けた。

1）政策の変化

デイビィット・ノート氏は、全国レベルでの政策の変化に関し6つの点を指摘した。すなわち、第一は、医療保健部門の再編成である。これは、PCPと呼ばれる1次医療ケアセンター（地域医療を提供している）の統合であり、バーミンガム市においては、4つのPCPが一つにまとめられることになっ

ている。第二は、日本の県に相当するカウンティー（County Council）の廃止である。すなわち、メージャー政権（ブレア政権の前の保守党政権1991-1997年）において推進した、カウンティーと日本の中小規模市に相当するディストリクト（District Council）からなる二層制の地方構

写真7-3　David Noott氏と山形市　鈴木一氏

造をユニタリー（Unitary Authority）という一層制の自治体へ再編する取り組みを徹底させることである。第三は、ダブル分権化の推進である。これは、中央政府からシティーレベルへ、さらに地域の近隣社会レベルへと権限を移譲していく方向に進んでいるということである。第四は、近隣社会のマネジメントに力を入れていく方向にあることである。第五は、ガーシュアン・レポート（Gershon Report 2004）[1]が指摘する、公共部門における「最少の経費で最大の効果」（Value for Money）の追求である。第六は、2005年度から導入されたLAAであり、バーミンガム市は、その第一弾を立ち上げたところである、と。

2）新たなサービス提供体制と検査体制

2006年の夏に政府が白書（付記：2006年10月26日にWhite Paper, *Strong and Prosperous Communities* が公表された）を発表する予定である。デイビィット・ノート氏は、この白書に盛り込まれて法制化が予想される5つの主要事項について説明した。第1は、サービスをインプットすることではなく、住民のQOL（Quality of Life：生活の質）の向上に関する成果にもっと視点が置かれること。第2は、自治体、医療保健部門、警察、ボランティア部門、企業などの地域の利害関係者がもっと協力関係を密にしてサービスを提供すること。第3は、これまでサービスを直接提供する立場にいた自治体が、これからは委任、委託する立場になること。第4は、ボランティア部門がサービスを提供できる容量を増やすこと。第5は、「最少の経費で最大

の効果」(Value for Money)の追求に対し、さらに焦点が当てられること、である。

これを受けて、2008年以降に、新しいサービスの提供体制や検査体制が出来上がるのであるが、デイビット・ノート氏は、これまでの体制との違いを、「『地域住民』を中心に置いた協動体制であり、現在のように特定のサービスのインプットだけを見るのではなく、そうしたサービスの成果を見ていくような新しいサービス水準検査体制ができ上がっていく」と説明し、「せっかく今の体制に慣れたと思ったのに」と笑いながら補足されたのである。

3) エリア・プロフィール

上述した政策の変化のなかで触れた近隣社会のマネジメントの一環として、エリア・プロフィールによるマネジメントがある。これは、2004年から2006年にかけて、自治体監査委員会(Audit Commission)が全国的にパイロット事業として進めており、バーミンガム市もそのうちの一つとして試行しているものである。

エリア・プロフィールとは、端的に言うと、その地域に住んでいるさまざまな人たちのQOL(生活の質)を、①事実(データ、指標)、②その地域に住んでいる人たちの見解、③外部の検査官による判断、④その地域の企業やボランティア部門の貢献度合いにより評価することである。

エリアの概念は、バーミンガム市の場合であれば、100万人の人口が居住する市全体ではなく、それよりも住民個人の帰属意識が大きいと考えられる近隣社会の範囲を指す。具体的な調査の過程は、バーミンガム市の例であれば、まず、それぞれ人口規模が9万人位のディストリクトから始まり、その下の人口規模が2万5000人位の区(ウォード)まで細分化する。たとえば、貧困地域と富裕地域が地区内で隣接するエッジバストン(Edgbaston)という区があるが、そういう区のため、さらにデータを近隣社会レベルの1,000人〜3,000人位に細分化する。場合によっては、政府の使う用語で、スーパーアウトプット・エリアといわれる数百人規模の人口レベルの地区までデータを細分化していくこともある。デイビット・ノート氏は、いろいろなニー

ズを持った人を真ん中に描き、その周りに10のQOLのテーマを書き込んだ、エリア・プロフィールのモデルによりさらに具体的な説明を進めた。

　たとえば、「経済的安寧」であれば、この地域における失業率、1世帯当たり平均収入、不動産の購入価格や賃貸料など、50～100のデータを調べる。また、「環境」であれば、大気の清浄度、河川の水質、リサイクリング率などを調べる。このようにして、一定のQOLのテーマに沿って特定の近隣社会、あるいはディストリクト、あるいは都市全体のエリア・プロフィールが把握できる。また、その生活を子供、高齢者、少数民族の人などの特定の人物の目線を通して見ていくことにより、最終的には非常に包括的で詳細なその地域における生活が把握できるようになるのである。

　エリア・プロフィールに取り組んだ具体的な成果として次の例がある。すなわち、ある人口3万人の区においては、教育的な指標の達成度が低いという認識があり、従来からこれを改善するために、この区全体を対象にして投資と改善努力が続けられていた。しかし、エリア・プロフィールを行った結果、ごく小さな2つの地域にだけその問題があることが判明したため、適切なターゲットを設定することにより、投じる経費を削減し、より良い対応が可能になったというものである。

　エリア・プロフィールの今後について、デイビット・ノート氏は、実用化されるまでにはまだまだ開発の余地があるとした上で、自治体監査委員会がエリア・プロフィールのホームページを拡充していく予定であることや全国的に、非常に小さなエリアのデータの充実が図られる見通しであることなどを説明した。

　最後に、デイビット・ノート氏は、上述したイギリス地方自治における変化が、結果として何をもたらすかについて、「第1に、規制と検査が少なくなる。第2に、すべての人の生活の質が改善される。第3に、最も裕福で恵まれた人たちと最も恵まれない人たちとのギャップが狭まっていく。そして、近隣社会の管理にもっと力点が置かれるようになり、地域社会の統治に関して、もっと多くの人が積極的に参加するようになると予想される」と述べられた。こうした取り組みからは、イギリスにおいては、何年にもわたり次々と制度改革が進められていることが感じ取られた。現状を必ずしも良し

とせず、絶え間ない改革改善を続けていく姿勢は、われわれが日本の地方自治体の改革を検討するときに、見習うべき大切なお手本と位置付けるべきものである。

【注】

1) イギリス財務省 Web サイト
   http://www.hm-treasury.gov.uk/media/B2C/11/efficiency_review120704.pdf

【参考文献】

（財）自治体国際化協会『英国の地方自治』2003 年 1 月 31 日。
バーミンガム市　http://www.birmingham.gov.uk/

第8章 老後を豊かに暮らす観光自治体
――ブライトン・ホーブ市のマネジメント

1 ブライトン・ホーブの歴史と現在

　平成18年3月7日、小雨が降るあいにくの天気のなか、関西学院大学専門職大学院石原俊彦教授を団長とする私たち英国視察団の一行がブライトン・ホーブの街を訪れた。このブライトン・ホーブはロンドンの南90kmに位置しており、元来、BrightonとHoveという2つの町に分かれていた。この2つの町が、1972年に合併を行い、人口25万人とロンドンを除けばイギリス南東部最大の都市となったのである。18世紀以前、この町は小さな漁村にすぎなかった。しかし、18世紀に入り、この町に住む医者が海の水と空気が体にいいという見解を発表したことによって、大きな変貌を遂げることとなる。折しも、イギリスは産業革命の真っ只中であり、仕事に疲れたロンドンの人々がこの話を聞きつけ、Brightonの浜辺に駆けつけるようになった。これが、「海水浴」とBrightonがイギリス最大のリゾート地として発展する始まりとなったのである。なお、この時代に、ジョージ4世が建設した離宮ロイヤル・パビリオンは、ブライトンピア（桟橋）と共に、現在、ブライトン・ホーブのシンボル的な存在となっている。

　さて、現在のブライトン・ホーブの状況であるが、Brightonとその西側に隣接するHoveでは、かなり違う一面を持っている。私達が電車を降り立ったBrightonは、海沿いのプロムナードに、ホテル、レストラン、映画館、劇場などが立ち並び、イギリス最大のシーサイドリゾートとして大変な賑わ

いを見せている。一方、市庁舎がある Hove は、緑が多い閑静な住宅街であり、海岸沿いにはリージェンシー式の別荘が立ち並び美しい佇まいを見せているのである。

2　ブライトン・ポーブ市役所 ── 一層制と「委員会」制度

　ロンドンより1時間半電車に揺られ、私達は Brighton 駅に降り立った。そして、タクシーにて一路 Brighton & Hove City Council（以下、BHCC）の市庁舎に向かったのである。BHCC では、法務部門を担当している Abraham（アブラハム）氏、業績管理関係を担当する Maggie（マギー）氏、財務部門を担当する James（ジェームス）氏という3名の職員の方が私達を温かく迎えてくれた。

　まずわれわれは、アブラハム氏から自治体の概要や議会制度についてのレクチャーを受けることとなった。ブライトン・ホーブは、前述したとおり、1972年に Brighton と Hove という2つの町が合併し誕生した町である。この町は、当初、市町村レベルの自治体（District

DATA

Brighton & Hove City（ブライトン&ホーブ市）

- ■行政区分：Unitary authority, City
- ■地　　方：南東イングランド
- ■人　　口：251,900人（2004年度）
- ■人口密度：3,047/km²
- ■面　　積：82.67 km²
- ■概　　要：Brighton & Hove は、グレートブリテン島の南岸に位置しており、ロンドンを除けば南東イングランド最大の都市である。現在は、海岸沿いにホテルや別荘、レストランなどが建ち並び、イギリス最大のシーサイドリゾート地として、大変な賑わいを見せている。

写真8-1　ブライトン・ホーブ市庁舎の正面　　写真8-2　閑静な住宅街のなかにたたずむホーブ駅

council）として二層式体制のなかの基礎自治体という位置付けであった。その後、2000年にエリザベス女王よりCityとしての格付けを与えられ、BHCCとして一層式の単一自治体（Unitary Authorities）としてのスタートを切ることとなったのである。なお、英国の地方自治体の形態は、ロンドン圏、大都市圏、地方圏によりその構造が異なっている。さらに、地方圏においては、一層式と二層式の2形態に分かれている（第1章参照）。そうした点では、大変、複雑な構造となっている。また、英国では、日本のように地方自治体の格付けに関して明確な基準はない。そのため、人口規模や地理的条件などと自治体の格付けには相関関係はなく、人口が多い自治体であっても自治体の判断でDistrictの形態をとる場合もあれば、人口が少ない自治体であってもCityの形態をとる場合もある。

　2000年にCityとなったことで、ブライトン・ホーブは、都市としての機能が拡大し、それとともに、City Councilとして、自治体の役割も広範囲に渡るものとなった。つまり、District councilの時には、住宅、環境問題、徴税といったような一部の分野に限られていた役割が、教育、社会保障、高速道路、消防、緊急時計画、公園、図書館、博物館、医療・選挙などにまで広がることとなったのである。そして、このようなさまざまな公共サービスに対応するために、現在、BHCCには、教員も含めて8,500名の職員が在籍している。

　BHCCにおける自治体内部の形態であるが、「委員会」制度をとっている。この「委員会」制度は、英国地方自治体従来からの形態で、議会と、議会を補佐し行政事務を執行する事務組織から構成されている。議会は、住民から

直接選挙により選出された議員によって構成されており、最高の意思決定機関となっている。また同時に、議会は執行機関でもあり、分野ごとに委員会や副委員会を設置し、行政の執行にあたって、最終的な責任を負っている。そうした点では、日本の地方議会制度とは大きく異なっている。なお、英国の地方自治体の形態としては、「委員会」制度以外に、与党議員のリーダーの指揮の下、内閣が日々の政策に関する意思決定、執行機能を担う「リーダーと議員内閣」制度や、公選首長が内閣を率いて政策に関する意思決定などを行う「直接公選首長と議員内閣」制度などがある。

BHCCでは、55名の公選議員によって議会が構成されている。議員の任期は4年で、次回の選挙は、2007年の5月となっている。なお、英国では、地方議会の選挙方式についても、自治体の形態同様、大変複雑なものになっている。例えば、市町村レベルの自治体であるDistrictでは、毎年選挙を実施し、3分の1ずつ議員の入れ替えを行うのが一般的となっているが、CountyやUnitaryでは、通常、すべての議員を対象に4年おきに選挙を実施している。いずれにしても、法律的には、政府の許可さえあれば、毎年、選挙を実施することが可能となっているため、どの自治体でいつ選挙が実施されるのかを即座に判断することは困難な状況となっているのである。

BHCCの議会における勢力分布を政党別議席数で見てみると、保守党20名、労働党23名、自由民主党3名、みどりの党6名、その他2名という状況で、圧倒的な議席数を誇る第一党がなく、さまざまな政党が乱立している状況である。そのため、市としての重要な意思決定を行う際には、各政党と事務職員とが水面下での調整作業を行ないながら、自治体としての最終的な意思決定を下している。このように、一見密接に関わっているかのように見える議員と事務職員との関係であるが、実際には、事務総長など上級幹部職員のみが、公式、非公式に政治的意思決定過程に参加しているのが実態である。そのため、事務職員の多くは、議員との調整など、政治的行為に対して、日常的に関わりあうことはほとんどない。しかし、このような状況においても、英国では、地方自治体の議員や事務職員に対して「行動規範」を定め、さまざまな制限や規則を明確に規定している。これは、議会と事務組織との関係のなかで、事務職員の政治的中立性を確保するための措置と言える。こ

のように、英国では地方自治に関わる多様な権限が法律によって定められており、そのことに関して不服がある場合には州裁判所で争うことが出来るようになっているのである。

3　ブライトン・ホーブ市役所の経営改革

1）地域公共サービス協約と地域エリア協約

　アブラハム氏からの市の概要や議会制度などに関するレクチャーが終わり、引き続きマギー氏からBHCCにおけるLPSA（Local Public Service Agreement：地域公共サービス協約）やLAA（Local Area Agreement：地域エリア協約）、業績管理（Performance management）などについてのレクチャーを受けることとなった。

　英国では、国から地方への予算配分において、指標に基づく成果志向の考え方を取り入れた2つの制度が存在している。それが、LPSAとLAAである。LPSAとは、特定の公共サービスについて中央政府と地方自治体とが交渉を行い、その地域全体の成果として3年間で2.5%の向上を図ることを約束する契約が交わされる。そして、その目標が達成できた場合には、達成割合に応じて、報酬という形式で追加の予算を得ることができ、達成できなかった場合には、国からの財源補助は受けられなくなるという制度である。また、LAAとは、前述したLPSAが発展した制度であり、地方自治体とその主要なパートナーを一つの地域（Area）とし、LPSA同様、その地域全体の発展のため、特定の公共サービスについて、中央政府と地域（Area）とが交渉を行い、達成状況に応じて報酬を受け取るという制度である。なお、LAAでは、LSP（Local Strategic Partnership：地域戦略パートナー）が重要な役割を担っている。このLSPとは、地域内におけるさまざまな機関（行政、警察、保健医療、コミュニティなど）の代表者により構成されており、地域戦略計画（Community Strategy）の策定などにおいて重要な役割を担っている組織である（この点については、第9章においても言及）。

BHCCでは、両制度とも、中央政府との合意に基づき、その達成目標をクリアするために、LSPなどとのパートナーシップを築きながら諸施策に取り組んでいる。特に、LPSAについては、導入当初の2003年より実施しており、現在、1期目が終了し、2期目に入っている状況である。1期目では、LSPとの協議により合意を得た優先事項（子供の教育・道路の環境整備・防犯暴追）に関して12の目標を設定し、中央政府と契約を交わすことが出来た。しかし、これらの目標は困難事項が多かったこともあり、想定していたような成果を上げることができなかった。そのため、成功報酬600万ポンドのうち200万ポンドしか受け取ることが出来なかったのである。しかし、地域住民の代表とも言えるLSPとの合意に基づいた優先事項、つまり地域住民のニーズを反映している戦略テーマに目を向け、その成果向上に向けた取り組みを実践したこと自体は大きな成果と言えるものであった。なぜならば、それらの優先事項に目をむけること自体が、住民が必要性を感じるサービスの質的向上に繋がるということだけは間違いない事実だからである。

　現在、BHCCでは、2期目のLPSAと併せて、LAAにも取り組んでいる。このLAAでは、前述したとおり、LSPの果たす役割は大変大きいものとなっている。実際、BHCCでも、LSPとの協議に基き、地域戦略計画に掲げられている3つの戦略テーマ（健康・環境・経済）を共通のターゲットとして設定している。そして、それらの目標をクリアするために、LSPが中心となり地域内における団体間の利害や役割分担の調整を行いながら公共サービスの提供を行っているのである。

　このようにBHCCでは、中央政府からの強力な指導体制のもとで実施されているLPSAとLAAの両制度を通じて、LSPとの連携など、地域内におけるパートナーシップを推進しながら地域全体のVFM（Value For Money：最少の経費で最大の効果）を向上させていくような取り組みを実践しているのである。

2）業績管理報告書による業績管理

　英国では、1970年代から続いた保守党政権に変わり、1997年、トニー・

ブレア率いる労働党が政権を獲得することとなった。労働党は、地方自治政策において、それまで保守党が推し進めてきた CCT（Compulsory Competitive Tendering：強制競争入札制度）や市民憲章（Citizen's Charter）に代わる制度として、ベストバリュー制度を導入した。このベストバリュー制度では、「最も経済的、かつ効果的な手段を用いて、サービスに関するコストと質の両方に配慮するという明確な基準を持ったサービスの供給に努めること」という理念に基づき、すべての自治体に継続的な改善に取り組むことを求めている。そのため、各地方自治体は、国家レベルの指標である BVPI（Best Value Performance Indicator：ベストバリュー指標）と各自治体が地域の住民ニーズに合わせて独自に設定している LPI（Local Performance Indicator：地方設定指標）という 2 種類の業績指標を活用しながら定量的な業績管理を行っているのである。

このような状況のなかで、BHCC では、業績管理報告書を用いた業績管理（Performance management by Performance Reporting）を行っている。この業績管理報告書は、行政内部の機関である OSOC（政策評価委員会）が作成しており、自治体で実施しているすべての公共サービスに関して、各サービスの分野毎（環境で言えば、リサイクルなど）に業績指標を設定し、指標を活用した定量的な業績測定を行っているのである。なお、この業績管理報告書には、業績管理を効率的に行うために、図表 8-1 のような 7 つの主要な項目が設定されている。

図表 8-1　業績管理報告書における 7 つの主要な項目

① Measure Number：指標の種別（BVPI および LPI）
② Flag：CPA（包括的業績測定）で使用されている指標には Flag を表示
③ Target Result：指標毎に設定されている業績測定期間（1 カ月の場合もあれば、4 半期の場合もある）における達成目標（Target）及び実績（Result）
④ Improved：成果の状況に関する前年値との比較（Yes と No で表示）
⑤ YTD Result：年間実績と達成状況（達成状況を信号のシグナルで表示）
⑥ 2005/06 Target：今年度の目標値
⑦ Top Quartile：上位 25% の自治体との比較

これらの主要な項目からも分かるように、業績管理報告書を活用したBHCCの業績管理には、いくつかの特徴がある。まず、多くの業績指標に関して、上位25％自治体とのベンチマーキングを行ないながら業績管理を行っている。これは、自治体の目標として、すべてのサービスについて上位25％の自治体になることを目指しているからである。また、業績の測定期間に関して、年次的な測定だけではなく、四半期や月単位など、業績指標の性質に応じて効率的な測定期間を設定し、定期的できめ細かい業績管理を実施している。そして、業績指標の設定に関しては、防犯に関する業績指標のなかに、警察が管轄する指標が含まれているように、自治体が管轄していない指標も活用している。これは、地域全体の成果向上を考え、より効果的な業績管理を行うためには、自治体と地域内におけるパートナーとのパートナーシップの推進という視点も考慮に入れる必要があるからである。最後に、業績指標の達成状況に関して、信号のシグナル（赤・黄・緑）を用いて分かりやすく表示しているという点も特徴的である。

　このように、BHCCでは、OSOCが作成する業績管理報告書を活用し、多角的な視点で業績管理を行っている。この業績管理報告書は、議会（総会）の下に設置されている政策・財源委員会およびサービス執行委員会に対して定期的に報告されることになっている。そして、この業績管理報告書を活用し、政策・財源委員会では、経営品質を向上させるような市全体としての財源配分の調整を行い、サービス執行委員会では、配分された財源を基に、サービス内部における事務の改善などを行いながら効果的で効率的な公共サービスの提供を行っているのである。

3）包括的業績測定（CPA）

　英国では、地域住民の生活水準の向上を目的に、自治体に対して「主要なサービスに関する評価」、「自治体の業績管理に関する評価」、「自治体の全体的な業績改善能力に関する評価」を行い、その結果に基づき5つのランク（優秀（excellent）、良好（good）、普通（fair）、弱体（weak）、劣悪（poor））による格付けを行っている。これが、CPA（Comprehensive Performance

Assessment：包括的業績測定）である。

　BHCC でも、他の自治体同様、CPA による格付けを受けており、一回目の CPA（2002 年度）では good という評価を得ていた。これは、総合評価に大きな影響を与えている住宅と環境の指標の数値が比較的良好だったためである。しかし、その翌年実施された 2 回目の CPA では、住宅に関する指標が、ブライトン・ホーブ にとって良好な指標からあまり業績が良くない指標に変化してしまったために、fair という一段階下のランクに格下げになってしまった。このように、CPA の対象となる指標の設定が総合評価に大きな影響を与える場合がある。そのため、自治体側では、それぞれのサービス分野において、ランキングに関係する BVPI に対する関心が高まり、BVPI の数値向上に向けた取り組みを日常的に実践しているのである。そして、このことが市としての改善改革の原動力になっている。

　なお、この CPA の課題として、BVPI の数値、特に CPA の総合評価に影響を与える指標の数値を上げることだけに自治体が力を注ぐことになり、その事が必ずしも住民のニーズと一致しない場合があるという意見があった。しかし、BHCC では、CPA で設定されている指標だけでは補いきれない部分を、地域のニーズに合わせた独自の指標である LPI などを業績管理報告書に設定し、より効果的で住民ニーズに沿った業績管理を行おうとしている。このように、BHCC では、CPA と自治体独自の業績管理を連動して地域における生活環境の向上に向けた取り組みを実践している。必ずしも政府によるランキングの設定に一喜一憂しない冷静さを、われわれの自治体改革においても学ぶ必要がある。

4）財務管理

　視察の最後にあたり、ジェームス（James）氏より財務管理（Financial Management）に関するレクチャーを受けた。
　英国の地方自治体における財源割合の特徴は、交付金や補助金など、中央政府からの財源委譲による部分が大きな割合を占めているということである。このことは、BHCC も例外ではなく、総経費 6 億 4000 万ポンドのう

ち、3億8000万ポンドを中央政府からの交付金又は紐付き補助金が占めている。つまり、財源の60%あまりを中央政府に依存しているということになる。なお、その他の主要な財源としては、使用料・賃借料（公営住宅等）が23%、Council tax（自治体が独自に徴収できる地方税）が16%を占めている状況である。

このような財政状況のなかで、BHCCでは、リスク・ベースに基づく予算システムを実施している。つまり将来に渡り多大なコストが掛かるさまざまなリスクに対応するために、リスクの高いもの（例：高齢者や児童など）を抽出し、そのリスクに関するコストを将来的に計算し、中長期的な戦略で財務計画を策定しているのである。そのため、財務計画の実施期間は3～5年計画となっている。このことは、単年度予算を敷いている日本の予算制度とは大きく異なっている。リスク・ベースに基づく予算システムの利点として、将来に渡り多大なコストがかかるリスクに対して、中長期的な視野で戦略的な財務計画を策定できるという点にある。

また、BHCCでは、中長期的な財務計画をたてる一方で、財務活動の業績に関して、毎年、財務報告書を策定し、効果的で効率的な資源配分が行われているのか、随時、チェックを行っている。そして、この財務報告を参考に成果の予測を行い、次期の財務計画に関連付けている。BHCCでは、中長期的な視野で効率的な行政資源の配分を行い、実績については定期的、かつ継続的に測定し、次期財務計画に反映させるという、財政的なPDCAサイクルを回しているのである。

4　日本の自治体改革への示唆

BHCCの視察において最も強く感じたことは、「業績指標を活用した業績管理」と、「数値の比較による業績測定」の重要性であった。BHCCにおける業績管理の要である業績管理報告書には、国が設定しているBVPIや地域のパートナーとの協議に基づいて設定しているLPIなど、地域全体の成果を測定するための的確な業績指標が設定されている。

また、達成状況の測定に関しても、上位自治体との比較や年次的な比較など、多角的な視点で数値の比較を行ないながら効率的に業績測定を実施している。そして、その業績管理を活用しながら効果的かつ効率的な行政資源の配分を行っているのである。日本でも、近年、行政評価の普

写真8-3　業績管理について解説するJames氏(左)

及により、業績指標を活用した業績管理の動きが急速に高まっている。しかし、英国と比較して、業績指標や業績測定の手法に関して、まだまだ成熟しているとは言い難い状況である。そうした点では、BHCCをはじめ、英国の自治体の取り組みは大いに参考となるものであり、多くの有益な情報を吸収することができた。今後は、今回の経験を活かし、今まで以上に熱意を持って行政評価や行政経営システムの構築に取り組む必要があると強く感じることができた。

【参考文献】

（財）自治体国際化協会『英国の地方自治』2003年。
Brighton & Hove City Council, *Environment OSOC report*, 6th March 2006.

第9章
語学研修を街づくりに活かす学園都市
——イーストボーン市役所の業績管理と地域戦略

1 イーストボーン市

　英国自治体の行政視察には、これまで3回参加した。いずれも関西学院大学専門職大学院の石原俊彦教授が企画している英国行政視察団の第3回・第4回・第5回に参加させていただいたものである。これは、日本の地方自治体職員が英国自治体の先進的な取り組みを学び、日本の地方自治体の行政運営において何らかの形で応用することを期待して、数回にわたり開催されているものである。筆者がイーストボーン市役所を訪問したのは第3回および第4回の行政視察団で、平成17年度文部科学省法科大学院等専門職大学院形成支援プログラム補助金を財源に、全国の地方自治体職員10名、監査法人関係者2名、関西学院大学教官2名の、総勢14名で実施されたものに参加させていただいた。最初は平成17年9月22日で、第2回目は平成18年3月6日に訪問した。2回にわたり訪問したイーストボーンにおいて、レクチャーを受けた内容やヒアリング調査した内容を整理することが、本章の目的である。
　イーストボーン市は、グレートブリテン島の南岸沿いに位置する都市で、暖流の影響で気候は温暖であり、イギリス南部の富裕層がバカンスを過ごす別荘地としても親しまれている。人口9万1000人、面積は44.16km^{2}の英国中位規模の都市である。ロンドンビクトリア駅（London Victoria Station）から電車に乗り約90分で到着する。海岸にはリゾートホテルやリゾートマ

ンションが立ち並んでおり、英国のリゾート地ということを実感できる。また、語学留学をするところでも有名な街で、日本などからも多数の学生を迎えている。

イーストボーン駅から徒歩10分程の所に、イーストボーン・タウンホール（イーストボーン市役所）がある。イーストボーン市の職員により、英国の行政経営の背景や行政評価について、及びイーストボーンのさまざまな地方自治運営の取り組みについてレクチャーを受けることができたので、ここではその内容について触れることとする。

2 英国の行政経営の背景と行政評価[1]

「行政評価の導入は、途上国はともかく、先進国を見ると、おしなべてアングロサクソン系の各国、つまり英国、オーストラリア、ニュージーランド及び米国が先行している」[2]と言われている。このことから、日本の自治体で普及している行政評価

写真9-1　企画課長の Stuart Russell 氏

DATA

EASTBOURNE Borough Council（イーストボーン市）

- ■行政区分：borough（市町村）
- ■地　　方：南東イングランド
- ■人　　口：91,413人（2003年度）
- ■人口密度：2,070/km²
- ■面　　積：44.16 km²
- ■概　　要：イーストボーンは、グレートブリテン島の南岸沿いに位置する都市で、暖流の影響で気候は温暖であり、イギリス南部の富裕層がバカンスを過ごす別荘地としても親しまれている。

写真9-2　イーストボーン市役所　　写真9-3　海岸沿いに立ち並ぶホテルやマンション

の基となっている1つに英国の取り組みが挙げられる。ここでは、英国の行政評価の現状を踏まえ、日本の自治体において参考とすべき点はないのかとの観点から英国（主にイングランド）の現状について整理することにしよう。

英国の行政サービスは、1980年代までとそれ以降では大きく変貌を遂げている。1980年代までは、行政が主体的に決定したサービス内容を住民に提供し、住民側はそれを利用するというのが通常の方式であった。現在の日本は、これに近い。つまり、住民側のニーズと行政のサービスには開きがあったのである。その後、1991年にメジャー政権の施策であるシティズンズ・チャーター（Citizen's Charter　市民憲章、以下CCという）では、「住民（国民）には公共サービスを受ける権利があり、行政は、住民（国民）が望むサービスを提供しなければならないという考え方を示した」[3]。

つまり、CCでは、説明責任の確保と住民ニーズの反映が義務化されたのである。行政は、行政サービスについて達成されるべきサービスの水準、達成されない場合の事後措置と是正手段を住民にわかりやすい形で提供しなければいけなくなったのである。これにより、住民は行政サービスについての情報を得ることとなるが、住民がそのサービスの優劣を判断することは困難であった。そのため、1993年から業績指標（Performance Indicators）が導入された。業績指標は、全国一律の指標で、各自治体の公共サービスの水準を評価し公表するものである。これにより住民は、自分の住んでいる自治体の公共サービスの水準を他の自治体の水準と比較することが可能となり、業績の悪いサービスについて指摘できるものとなった。

一方で、「業績指標の導入当初、各地方自治体から『行政サービスは数値

では図れない』、『データの収集・集計・公表等に労力を必要とする』といった非難があった」[4)]のも事実である。これに関しては、現在の日本の自治体職員は、英国の90年代の状況に似ている感情を持っているといえる。しかし英国において業績指標は、現在、住民にも自治体の職員にも行政サービスの改善のためのツールとして、広く認識されており、活用もされている状況に変わってきている。

　その後、英国では、1997年より保守党に代わって労働党が政権を担うようになり、地方自治体においても公共サービスの改善が行われた。その最も大きな要因は、ベストバリュー制度（Best Value、以下ベストバリューという）[5)]に基づいた行政評価である。

　ベストバリューとは、簡単に言えば、保守党政権の時代は、ややもすればコスト削減に傾注されてきた考え方を、その意識は持ちながらも、同時にサービスの品質にも配慮し、併せて住民のニーズに応えることができるように、住民と十分協議した上で、サービス提供することを、地方自治体に法律によって義務づけたものである。これに伴い自治体では、保守党政権時代の強制的なアウトソーシングからパートナーシップへと公共サービスの提供手段が変化している。ベストバリューのそもそものねらいは、地域の住民の生活や、地域内の企業などの営みをより良くして行くことにある。

　自治体は、そうした地域全体のコミュニティを代表して、改善して行く中心的な役割を担うことになる。そこで、コミュニティ全体の広範な目標と理想像を描いた『地域戦略』[6)]を作成することが義務付けられた。その地域戦略を策定する前段階として、現行のサービス提供手法の是非や、サービスの質・達成度に関する総合的な評価を行うことになる。評価は、Challenge（チャレンジ性）Compare（客観的な比較の必要性）Consult（十分に協議する必要性）Compete（競争性）の4つの視点で行われる。それぞれの英語の頭文字がCで始まることから、一般的に4Csと呼ばれている。

　これらの4Csを意識した指標を用いて各自治体が自ら評価し、その後、自治体監査委員会（Audit Commission）により各自治体の評価の精査と自治体間の比較が行われ、総合的な評価結果が出される。評価の結果を受けて、各自治体では地域戦略や過去の評価結果との比較、達成すべき目標や行

動計画、財務情報などを明示した自治体の業績計画（Council Performance Plan、後述する）を策定しなければならない。また、自治体監査委員会からの報告をもとに、計画の失敗やサービスの改善が必要と思われる際には、中央政府は、直接介入して是正措置を強制する権限を有している。

　このようなベストバリューの枠組みを踏まえ、2002年からは主要な150の自治体を対象に包括的業績評価（Comprehensive Performance Assessment、以下CPAという）が導入された。これは、従来のベストバリューで行われていた個別事業の評価だけではなく、サービスの水準や財政内容、あるいはパートナーシップや業績改善能力など自治体全般の業績をスコア化して、各自治体を（優秀（excellent）、良好（good）、普通（fair）、弱体（weak）、劣悪（poor））の5つに区分するものである。しかし近年、自治体の成績が上がってきたことを受け、ハーダーテスト（Harder Test）と呼ばれる、より難易度の高い指標を設定した評価の導入が検討されている。これによりCPA制度も、2008年度で終了する予定である。

　このように、英国の行政評価の特徴は、中央政府が主導権を持つトップダウン方式であるという点に認められる。英国の行政評価は、全国一律の評価を可能にしており、住民は自分が居住する自治体と他の自治体を容易に比較ができる。また、監査委員会や外部監査による評価の精査が厳しく行われており、評価自体に自治体間による差異があまり生じない。そして、評価結果の悪い自治体は、中央政府により強制的に改善策が取られるという点では、住民にとってのメリットは大きい。

3　イーストボーン市役所の業績管理[7]

1）業績管理（Performance management）について

　イーストボーン市の行政評価は、ベストバリュー業績指標（Best Value performance indicator、以下BVPIという）と自治体で独自に設定した業績指標（Local performance indicator、以下LPIという）の2つの指標に

よる業績測定により実施されており、最終的には自治体監査委員会（Audit Commission）による評価が行われる。

　英国の地方自治体の行政評価は、業績管理（Performance management）の一環として考えられている。イーストボーン市の業績管理は、日本でいう行政経営のことで、BVPIとLPIの2つの指標による業績測定をもとに、目標の設定や目標に対する達成状況の把握及びその管理（予算などへの反映）を行っているものである。業績管理は、自治体が提供するサービスを持続し、向上させて行くために重要なツールとなるものである。業績管理を行うことによって、サービスの達成状況や行政運営状況を把握し、改善すべき点を確認することができるからである。

　また業績管理を行う上での目標の設定に関しては、地域戦略[8]（Community Strategy）の優先順位に基づいて、イーストボーン市での施策の優先順位を決め、目標の設定を行い、自治体の業績計画（Council Performance Plan）と呼ばれる計画書を作成している。その中で、イーストボーン市では、主要な施策をホットイレブン（HOT11）[9]として掲げ、QOL（Quality of life、生活の質）の向上のために優先的に取り組んで行くこととしている。イーストボーン市の業績管理の手法としては、ホットイレブンの進捗状況を把握するという意味で、四半期に1度、指標を把握し報告書が作成されているという点も重要である。四半期に1度報告書を作成することにより、今まで御座なりになっていた事業が指摘され、それを受けて次の四半期までに改善が図られたという事例が実際にあった。このように年度内に数回、業績を把握することで、ニーズに対する迅速な対応が図られるのである。

　英国の地方自治体では、政府によって策定された定義に基づいた業績指標によって、異なる自治体間のサービス水準の比較検証、時系列のサービスの改善やサービス向上などの状況を把握して、次年度の改善や改革に活かされている。そして、これらはすべて新聞に掲載されるのである。こうして、自治体間の優劣がつくことで、職員の意識改革や住民の自治体に対する意識などが芽生え、改善や改革へとつながって行く。また、他自治体と比較することで、全国的な水準や自分たちの置かれている状況を把握でき、自治体の業績計画に反映することができるのである。イーストボーンをはじめ英国の地

方自治体では、行政評価を、業績管理を行う上でのツールとして活用している。評価結果は、的確な目標設定をするための根拠として、行政経営を行う上での核として活用される。また、評価結果に対する迅速な対処など、日本の地方自治体で応用できる部分が多く参考としたい。

2）業績測定の活用について

　従来、イーストボーン市では、日本の自治体と同じように何層にも分かれた複雑な政策体系に基づいた計画により、サービス提供を行ってきた。しかし、重要なことは住民や職員、議員などにわかりやすく、サービスに関する情報を提供するとともに、共有していかなければならないということであり、地方自治体の計画書を1つに集約することになった。それが、自治体の『業績計画』（Council Performance Plan）である。日本の地方自治体でいう総合計画（基本構想・基本計画・実施計画）に相当する。

　自治体の業績計画（Council Performance Plan）は、中央政府のベストバリュー政策の一環として作成が義務づけられている『地域戦略』をもとに各自治体で作成されるもので、イーストボーン市では、主要な部分のみを抜粋した概要版[10]も作成しており、シンプルにわかりやすく政策展開を示している。記載されている内容としては、図表9-1「住宅に関する達成目標2005-2006年」のように、地域社会の戦略やパートナーシップについて、自治体が地域に対してどのような義務を負っているのかがシンプルに表現されている。

　そのほかにも、政策の優先事項や業績指標、過去の業績、今後3年間の間に何を達成したいかという目的、過程、計測方法などが記載してある。業績指標においては、全国で最も業績の良い地域との比較や前年度の比較、あるいは前年度よりどれだけ効率性を向上させたかなどが記載してある。図表9-1「住宅に関する達成目標2005-2006年」中の「業績指標の種別」に記載してある「Local」、「BV」とは、LPIの業績指標を使って管理しているのか、あるいは、BVPIのどの業績指標を使って管理しているのかを示唆するためのものである。

　ところで、自治体の『業績計画』は、毎年6月の末に発行することとなっ

図表9-1　住宅に関する達成目標 2005年-2006年

地域戦略 Community Strategy	何をすべきか	実行目標	業績指標の種別
HT11（ホットイレブンー4）入居可能な住宅の必要性				
全ての（層の）人が、住宅を選べる住宅市場にする	住宅公社とともに貧困層のための住宅を整備する	2006年3月31日までに80戸整備する	Local
^	^	住宅開発に関する最新情報を提供する	
^	15区画以上の住宅の開発をする際には、30％は貧困層のための住宅とする	区画を開発した際の、貧困層のための住宅の割合を4半期に一度報告する	Local
住むところに困っている人（貧困層）を援助するための住宅を用意する	貧困世帯がホームレスになるのを防ぐ	2006年3月31日までに100世帯の貧困世帯がホームレスになるのを防ぐ	BV213
^	^	住宅公社と協働で実施した効果のある事業を報告する	Local
^	朝食付き施設を利用している家族の滞在期間を6週間以下に抑える	2005年〜2006年の間の朝食付きの施設を利用する人の滞在期間の平均は、5週間とする（ホームレスになるのを余儀なくされた扶養家族のいる世帯について）	BV183i

（出所）『EASTBOURNE Council Performance Plan 2006』15頁を筆者が要約。

ている。冊子だけではなく、インターネット上にも公開されているので、容易に閲覧が可能となっている。『業績計画』を策定する際のもとになっているのが、BVPIやLPIなどの業績指標である。イーストボーン市では、たとえば、業績指標を次のように活用している。

BVPIやLPIの業績指標を分析し、または、他自治体との比較や住民ニーズなどを把握し、施策の優先順位を決め、自治体の『業績計画』を作成する。そして、この計画書に沿って事業を進めて行くこととなる。その後、業績指標の経年比較と住民ニーズを斟酌して、改善策を講じ、次年度の計画に反映して事業を展開するというマネジメントサイクルを機能させているのである。

日本の自治体では、行政評価を導入したものの、行政評価の導入が必ずし

も自治体マネジメントに発展していないと悩んでいる自治体が多いが、イーストボーンをはじめとする英国の自治体においては、評価結果を活用し、マネジメントサイクルを循環させている。評価結果の活用については、英国の取り組み（自治体の『業績計画』による業績管理のこと）がヒントとなるだろう。

4 市民との協力（Partnerships with Citizens）

英国の場合、地域協定（Local Area Agreements 以下、LAA という）や地域戦略パートナーシップ（Local Strategic Partnership 以下、LSP という）などで、周辺自治体間や地方自治体のパートナーたちとの協議体制が確立されている。LAA とは「地方自治体と広域圏における政府事務所とによって合意された限られた数の目標と指標（アウトカム）について、その達成を可能にするために、政府・地方自治体・地方自治体の主要なパートナーとの間で締結される協定のこと」[11]である。また、LSP とは、地域戦略における優先順位の合意や戦略テーマの業績達成に向けた支援、パートナーシップの機会拡大など住民の生活の質の向上や住民満足度向上の為に行政と住民、民間、ボランティア団体などで構成される協議機関のことである。

イーストボーン市の LSP は、Eastbourne Strategic Partnership（以下、ESP という）と称して、住民満足度の向上のために地域戦略計画（Community Strategy）における優先順位の合意や、重複するサービスについての検討、パートナーシップの機会拡大の検討、あるいは地域戦略計画における戦略テーマの業績達成に向けた支援など地域全体の活性化などの活動をしており、具体的なサービスを提供する執行機関とはなっていない。メンバーは、自治体、警察、医療機関、住宅関係機関、ボランティア協会、商工会議所などのコアとなる各団体の代表 10 名で構成されている。イーストボーンでは、住民満足度はもちろんのこと、住民との協議による意見のフィードバック、そしてサービスを設定・提供する過程において住民に参加してもらうことを重要なこととして認識し ESP を活用している。

イーストボーンには、ESPとは別に、他にも住民参加・協議の手段として2つの主要なネットワークが存在している。1つはEastbourne Community Networkというもので、さまざまな情報交換や自治体との協議などを行っており、地域住民と自治体とのパイプ役を担っている。もう1つは、文化・人種の多様性のメリットを活かすためのネットワークで、様々な人種のニーズを掴む上で活用されている。その他にも、自治体の土地利用計画である地方開発枠組み策定の際の住民協議（住民参加が法制化されている）や大規模な住民協議の際に使われるシティズンズ パネル（Citizens Panel）がある。Citizens Panelは、約1,000人のメンバーで構成されており、予算の住民協議などで住民に意向を調査する時などに使われる。このように、住民参加には多様な形態があり、その方法も書簡やメール、電話、インターネット、住民集会など様々である。しかし、若年層と黒人系少数民族の参加率が少ないことが今後の検討課題となっている。日本でも同じであるが、利害関係者やある特定の住民以外の声をどうやって把握し、行政運営に反映していけるかを考えていかなければならない。

5　日本の自治体改革への示唆

　ニュー・パブリック・マネジメントの名のもとに、ほんの数年間で大きな変貌を遂げた英国の実際をイーストボーン市の視察成果を概観することで、ここまで考察を進めてきた。強調したいことは、英国自治体職員の変革に対応する迅速化とチャレンジ精神を肌で感じることができた、という点である。また、国や地方の制度は多少違うが、英国も日本も自治体職員は公共サービスの提供において、住民ニーズの反映と満足度の向上のために、住民と共に協力し合い、目標を成し遂げるという考え方は同じであると感じた。
　特に今回は、業績管理の活用と住民ニーズの反映の方策について、イーストボーン市職員と直接ディスカッションすることができたことに満足している。日本の自治体では、特例市以上の自治体では、ほとんどの自治体で行政評価を導入し運用しているが、それを行政経営へと活用していくことがまだ、

十分できていない現状があるように感じている。今回は英国の取り組みを学ぶことができたことで、今後のあるべき姿として参考にすることができる。また、行政の施策への住民ニーズの反映と、行政の情報提供の方策については、英国も日本も類似の悩みを抱えていることに気付くことができた点も収穫であった。イーストボーンの事例は、自治体経営改革に悩んでいる自治体職員にとっての、非常によきお手本になると考えられるのである。

写真9-4　イーストボーン市長と筆者

【注】

1) 本節の説明は主に自治体国際化協会CLAIRの刊行物を参考にしている。http://www.jlgc.org.uk/jpub/jpubmenu1.htm
2) 上山信一『「行政評価の時代」——経営と顧客の観点から』NTT出版、1998年、65頁。
3) 自治体国際化協会『CLAIR REPORT ―英国における行政評価制度― CLAIR REPORT NUMBER217』2001年、(June 29, 2001)、ⅰ頁。
4) 自治体国際化協会『CLAIR REPORT ―英国における行政評価制度― CLAIR REPORT NUMBER217』2001年、(June 29, 2001)、ⅲ頁。
5) ベストバリューについては、自治体国際化協会『CLAIR REPORT ―英国におけるベストバリュー― CLAIR REPORT NUMBER206』2000年、(June 22, 2000)、参考。
6) 地域住民や産業界などのあらゆる利害関係者と協議を行い、目標の設定や施策の優先順位、達成状況を明示し、作成することが「2000年地方自治法」によって義務付けられた。
7) 筆者が英国視察時（2005年9月及び2006年3月）にイーストボーン市のスチュアート・ラッセル氏、バーバラ・プラット氏、ウィリアム・トムセット氏によるレクチャーを受けた際の内容をもとに論じる。
8) ここでの地域戦略は、イースト・サセックス（EAST SUSSEX）州全体の戦略計画のこと。
9) ホットイレブン（HOT11）とは、イーストボーンにおいて、業績管理をす

る上で重要だと思われる施策を選びホットイレブンと呼んでいる。2005年度は10個の施策がそれに該当している。
10) イーストボーンの計画は、住民との協議を十分に行い、地域ニーズを反映させたものとなっており、それらのニーズに合わせて7つの戦略テーマと172の業績指標及び目標が設定されている。なお、計画の内容については、住民に対する説明の分かりやすさを考え、方向性と達成時期をキーワードに、各戦略テーマの「将来性」「テーマ内での優先順位」「指標と目標」「責任者」といったような項目について記されている。イーストボーンでは、「イーストボーン地域戦略計画（Eastbourne Community Strategy）」と名づけ全戸配布している。
11) 自治体国際化協会『英国の地方制度（2005年度概要版）』2005年9月、5頁。

【参考文献】

石原俊彦監修・監査法人トーマツ『新行政経営マニュアル――イギリスのNPM（ニュー・パブリック・マネジメント）に学ぶ』清文社、2004年。

稲澤克祐他共著『イギリスの政治行政システム――サッチャー、メジャー、ブレア政権の行財政改革』ぎょうせい、2002年。

―――『英国地方政府会計改革論――NPM改革による政府間関係変容の写像』ぎょうせい、2006年。

上山信一『「行政評価の時代」――経営と顧客の観点から』NTT出版、1998年。

（財）自治体国際化協会『CLAIR REPORT―英国におけるベストバリュー―CLAIR REPORT NUMBER206』2000年、（June 22, 2000）。

―――『CLAIR REPORT―英国における行政評価制度―CLAIR REPORT NUMBER217』2001年、（June 29, 2001）。

―――『英国の地方自治制度（2005年度概要版）』2005年。

Eastbourne, *Council Performance Plan*, 2005.

Eastbourne *Eastbourne Community Strategy 2005-2020*, 2005.

Tony,bovaird and Elke,Loffler, *Public Manamement and Governance*, Routledge, 2003.

イーストボーン市　http://www.eastbourne.gov.uk

第10章 海峡の街と行政経営

——ドーバー市のパートナーシップと内部管理

1　ケント州ドーバー市

　英国の自治体制度は近年の変遷の過程で混在は見られるものの、主に「カウンティ（County：日本の都道府県に相当）」、「ディストリクト（District：日本の市町村に相当）」、「パリッシュ（Parish：地域共同体的な性格を持つ法律上の準自治体。布教のために設けられた教区に起源を持もつ）」の3層で構成されている。役割上の違いとしては、カウンティは高速道路や開発計画、教育、社会保障サービスという比較的戦略性が高い分野を受け持ち、ディストリクトはゴミ回収等の環境衛生、税の徴収、コミュニティ関連業務、スポーツ施設等公共サービスなどの実質的な業務を受け持っている。パリッシュは地理的に小さな地区を担当し、実質的な意志決定の力は持っていない。ドーバーは、このうちのディストリクトにあたる自治体である。

　ドーバー市は、英国南東部のカウンティであるケント州に属し、面積約310km^2（福岡市とほぼ同面積）、人口は10万人強。ヨーロッパの玄関口としてのドーバー港を有し、ホワイトクリフを初めとする景勝地やドーバー城、リッチモンド城、サンドウィッチ城などの歴史的な建造物がある。比較的裕福で活発な市であるが、地域内では経済力に差があり、北部のサンドウィッチにファイザー製薬の研究開発拠点が置かれている一方で、英国内でも有数と言われる貧困地域も抱えている。市職員は445人。総予算は8,100万ポンド（約190億円：1￡＝230円で換算）。財源としては住宅関係の収入が3,400

万ポンド(約80億円)ある。なお、総予算にはケント州や警察、消防等に代わって徴収している税金も含まれているので、純予算は1850万ポンド(約43億円)となっている。

「地域戦略（Community Strategy）」をケント州の中で最初に打ち出した自治体として知られ、その取り組みは、ケント州内だけでなく全国の自治体の模範とされているほか、「包括的業績評価制度（Comprehensive Performance Assessment: CPA）」の先進自治体でもあり、これに関する18の事例がホームページにわかりやすく掲載されている。

行政の組織構成としては、事務総長（Chief Executive）をトップとして、その直属の部下に自治体経営部長（Head of Governance）、この部長の下に6つのサービス部門の責任者を置いている。一方、事務総長を補佐する者として副事務総長（Deputy Chief Executive）がおり、この下には「住民の安全・環境・計画部門」、「歳入・各種手当・カスタマーサービス部門」、「住宅・コミュニティ部門」、「不動産・調達部門」、「会計・情報通信技術担当官」を配置している。事務総長、自治体経営部長および最高財務担当官（CFO）は、すべての自治体に設置が義務づけられている役職である。事務総長は自治体全体のことを担当しており、自治体経営部長は主に法務や自治体の監視機能、

DATA

Dover District（ドーバー市）

- ■行政区分：District（ディストリクト）
- ■地　方：ケント州
- ■人　口：106,100人（2005年）
- ■人口密度：337/km^2
- ■面　積：314.84 km^2
- ■概　要：ドーバーは英仏海峡に面したイングランド南東部、ケント州の主要な港湾都市である。フランスと結ぶフェリー等が発着し、英国で最も忙しい港と言われている。石灰質の崖であるホワイトクリフがある地としても有名。

最高財務担当官は財務を担当している。議会と直接やりとりを行うのは、自治体経営部長と最高財務担当官の二人であり、その業務は他の市職員から阻害されないことが保障されている。

本章では、2006年11月30日の行政視察において、ポール・ウィルス氏（ドーバー市副事務総長）、デーヴィッド・ランドール氏（ドーバー市自治体経営部長）、コリン・クック氏（ドーバー市業績管理課長）の3氏から受けたヒアリング結果を、パートナーシップに関する「地域戦略」と「近隣社会フォーラム」、自治体内部に関する「自治体計画」、「包括的業績評価制度の見直しの動き」および「業績報告書」について整理することとする。

写真10-1　ドーバー市役所

2　ドーバー市のパートナーシップ

1）地域戦略

ドーバー市における最も上位の計画は「地域戦略」である。「地域戦略」とは、地域の公的部門、ボランティア団体、コミュニティ組織が一緒になって策定する地域の戦略的計画を指す。ドーバーでは、2002年に市の公会堂に関係者が集まり、8年後の2010年にはドーバーがどのような姿になっていてほしいのかということを念頭に話し合った。この結果、ドーバー市の経済的・社会的・環境的な条件の改善および生活の質の向上に向けて、コミュニティ、チャンス、アクセス、地域再生と環境という4つの主要なテーマで取り組むことになった。

「地域戦略」の推進役を果たすのが、「地域戦略パートナーシップ（Local Strategic Partnership: LSP）である。ドーバーでは、すべての階層の自治体（カウンティ・ディストリクト、パリッシュ）のほか、ファイザー製薬やドー

バー港管理会社などの民間会社、コミュニティ組織等が参画している。

この「地域戦略」の推進にあたって一番問題となるのは、計画内容を実施に移す段階である。「地域戦略」は「地域戦略パートナーシップ」を通して実施するわけであるが、このため、参画している各地方自治体は、各々が有している「自治体計画（Corporate Plan）」と「地域戦略」とを整合させていかなければならないことになる。もし、「地域戦略」の内容に対して完全に合意できていない自治体があれば、その自治体は達成のために相当な困難が生じてくるようになる。

なお、全体を見通すなかで、戦略や一連の行動内容が盛り込まれることになるため、それらが必ずしも個々の地域でのニーズを反映していないということも起こりがちである。このためドーバー市では、多くのサブグループや実施グループを立ち上げることによって、いろいろな違いを出したり、政府の資金を有効活用していこうとしている。

2）近隣社会フォーラム

住民側としては、サービスの提供がありさえすれば、その実施自治体がどの階層であろうと構わない。しかし、自治体側としてみれば、それぞれが責任を持つ範囲や組織構造が違っているので、サービス提供の役割を分担していくことは、そうそう簡単なことではない。このために、英国ではカウンティ、ディストリクト、パリッシュという三つすべての階層の自治体が参加する、「近隣社会（Neighbourhood）フォーラム」を開催し、全体の方向として、カウンティやディストリクトの権限をできるだけパリッシュに委譲させていこうとしている。

ドーバーでは、この「近隣社会フォーラム」を、われわれが訪問したちょうど前の夜に開催していたが、少なくともケント州では初めてとのことであり、また、全国でもおそらく初めてのものではないかということであった。その日に開かれたフォーラムの結論としては、異なる三つの階層の自治体に対して、高速道路に関しての地域からの声を、まとまったものとして出していこうということであった。これまで、高速道路に設置する横断歩道やスピー

ド違反取締用カメラに関しては、通常各パリッシュから該当するディストリクトやカウンティに対して、どこに設置してほしいか等の具体的な要請を行ってきた。そのために要請内容の調整がつきにくく、高速道路を主に担当するカウンティからは、全体での優先順位が明確でないので予算が不足しているなかでは設置できないなどの、言い訳めいた回答がなされたりしてきていた。そこで、「近隣社会フォーラム」において話し合うことになったが、その結果、各パリッシュからの要請内容をパリッシュの集まりであるローカルフォーラムにおいてとりまとめた上で優先づけを行い、そのリストをディストリクトとカウンティの双方に提出することとなった。次回のフォーラムでは、これへの回答が提示され、引き続き話し合いを行うとのことである。

写真10-2　Paul Wyles 氏

　「近隣社会フォーラム」は誰でも参加することができ、また、三層の各自治体は同等の代表権をもっている。このフォーラムの開催を通じて地域全員が力を共有することが可能となり、結果として「地域戦略パートナーシップ」での内容に、より良い形で反映されていくことになるわけである。

3　ドーバー市の行政経営

1）ドーバー市の「自治体計画」

計画内容の概要

　ドーバー市で現在策定されている「自治体計画（Corporate Plan）」の期間は2006-2012年とされており、その基本目標は、「品質の高いサービスを提供」することで「地域社会を支え」、「住民がこの市に誇りを持てるようにする」ことである。

計画期間を7年間としている理由としては、①ある程度の長い期間の方が市民にとって何が重要かを認識しやすい、②主要な目標の一つである経済の活性化にはそれなりの長い時間を要するから、との説明を受けた。なお、計画期間の設定の際に、議員からは、議員の任期である4年を超える期間の計画をなぜ立てるのかとの意見もあったが、これら二つの理由の他に、計画内容が各政党の政策内容とさほど違わず、また、市政府の長（Leader of Council）にとっては計画最終年の2012年までその座にあることの布石めいたものになること、職員にとってはこの市に長く勤めようと思わせるものであること等を議員に説明し、結果としてすべての議員に納得してもらったとのことであった。

　ドーバー市の「自治体計画」は2部に分かれており、第1部では、住民にとって何を重要視するのかということについて、第2部では、その重要視することに関して限られた財源でどこまでの達成を目指すのかということが記載されている。

　第1部では、重要視するものとして、「持続可能な地域社会の実現」、「環境に優しく清潔で安全な市の実現」、「顧客サービスの向上」を挙げている。このうち最も重要なものとしているのは「持続可能な地域社会の実現」であり、これは、経済的な成長や繁栄がなされれば、その他の部門のサービス向上にも役立つという考え方である。たとえば、ドーバー市は平均寿命が英国南東部の地域内で一番短く、医療保健サービスが最低だと言われている。また、教育レベルも英国南東部地域の平均から比べるとかなり低くなっているが、これらの向上を果たす上でも、経済的な要素が大きな進展をもたらすと捉えている。

　また、「環境に優しく清潔で安全な市の実現」では、環境関連の法整備を行ったり、ゴミの回収などリサイクルについての改善などを図ることにしているほか、犯罪への対処を行うことにしている。さらに、「顧客サービスの向上」では、このために市政府自らが積極的に行動を起こすことが重要であるとし、具体な実例として、海峡トンネル鉄道の拠点駅の誘致に成功することによりドーバーとロンドンとの所用時間が1時間の短縮となったこと、市の所有地を利用しての地域開発を計画することで市が得た資金を他の地域に投入した

ことなど、自治体自らが地域に誇りをもって積極的に投資していかなければ、何も生まれないという認識に立った考えが根底に流れている。

毎年度の実施計画策定の流れ

ドーバー市では、毎年度策定する「自治体計画」に係る実施計画の策定のために、事務総長、自治体経営部長および6つのサービス部門の主任による「経営戦略チーム（Corporate Management Team）」を設置している。

写真10-3 David Randall 氏

このチームと市政府とが話し合って市としての今後の方向性を定めるが、各サービス部門の課長は、その内容としての目標を達成するために、自分が担当している「個別サービス計画（Service Plan）」について見直しを加えていっている。ドーバー市のこれまでの「自治体計画」では、策定にあたって割と閉鎖的に行われてきたため、実際にサービスを実施する職員が、決定まで知らされないようなことも多くあったらしい。しかし、現在の計画では、現場の職員に早期の段階から意思決定に関わってもらうようにしている。各サービスの部門責任者は、「自治体計画」の全体の枠組のなかで自分が責任をもつ目標をどうやって達成するかを描いた「個別サービス計画」を提出する。そして、最高財務担当官の主導のもとで「経営戦略チーム」がこれを吟味し、もし、予算または財源が予定より上回るようであれば、最初からの作り直しが命じられることもある。こうしてつくられた「個別サービス計画」には、財源計画や研修事項も含まれており、これをもとにつくりあげられた翌年度の「自治体計画」の実施計画案が議会に諮られて成立する。

なお、「経営戦略チーム」が市の今後の全体的な方向性を定める際には、当然に予算を念頭に置いている。財源の性質としては、ごく一部が地方税のほかは中央政府からのものであり、政府からは税金の上げ幅の上限や政府助成金の額の決定にあたっての税収入見込み額が決められている。また、向こう3年間の地方財政の予測が中央政府から出されている。このため、「自治

体計画」を立てる際には、将来の自分たちの予算がどれだけあるのかが自治体として予測しやすくなっており、各サービス部門の責任者としても、今後のサービス提供にあたって予算を縮小すべきか拡大すべきかが考えやすくなっている。

2)「包括的業績評価制度」の見直しの動き

中央政府は、地方自治体に目標を持たせ、かつ、財源も拠出することで、英国全体のサービス向上を目指している。具体的には、各自治体の行動を監視して業績の均一化を図るために、1990年代に「ベストバリュー」制度を導入し、2002年からはこれに基づいた「包括的業績評価制度（Comprehensive Performance Assessment: CPA）」を導入している。

この「包括的業績評価制度」は、すべての自治体に対して、その取り組み具合の評価として、優秀（excellent）、良好（good）、普通（fair）、弱体（weak）、劣悪（poor）の格付けを、自治体監査委員会が下すものである。しかし、この制度の実施にあたっての作業には膨大なものがあり、ちなみに2004年に実施されたドーバー市では、事前準備だけで数カ月、実際の立ち入り監査には2週間を要するものであった。

このため、中央政府はこの制度をもっと簡易な方式に変えることにした。主な変更点としては、地域社会への貢献度やパートナーとの協力度合いをより重要視し、目標値を絞ったものとした。ただし、肝心な作業量としては、自己評価部分がこれまでより増え、その自己評価内容を中央政府が検証するということから、自治体からはまだかなり煩雑な制度と受け止められている。次回の総選挙がある2009年3月までの業績を評価対象としていることから、再度の見直しも予想されている。

また、今回の見直しにより、評価項目として、「前回からの進展具合（Direction of Travel）」と「財源の使途内容（Use of Resources）」が重要視されており、これらについては全自治体が毎年評価を受けることになった。「前回からの進展具合」は、これまでも中央政府が重要視してきたところであり、自治体に対して改善に向けた不断の努力を求める観点から、「自治

第10章　海峡の街と行政経営　　157

計画」を意欲的でかつ実現可能性のある内容のもとに策定することを前提とした上で、その確実な達成を奨励してきた。これの流れを強めるものとして、前年度実績に比べて今年度はどうであったかという「進展具合」を一層重要視することにしたものである。そして、「財源の使途内容」については、自治体の財務状況や財務報告への取り組み状況、財務の管理実態のほか、課題の捉え方とその解決手法、金銭的効率性（Value for Money）、成果指標の質等の面を評価することにしている。

　自治体の格付けにあたっての判断要素としては、これまでと同様に「達成度と改善状況」、「意欲度」「優先順位付けの運用状況」「人材や財源の状況」「業績管理状況」の5項目が挙げられており、このうち「達成度と改善具合」への配点に一番ウェイトが置かれている（図表10-1　「包括的業績評価制度におけるスコア表」参照）。

　なお、最近中央政府が発表した地方自治白書では、「包括的業績評価制度」を「包括的地域評価制度（Corporate Area Assessment: CAA）」に変えようという提言がなされている。これは、これまでの制度が住民へのサービス提供内容に関しての直接的な評価であったのに対して、地域全体の状況や「地域協定（Local Area Agreement: LAA）」など他の公共機関等との協働に関する評価に重きをおくようになる、ベクトルの大きな原価を示唆するものとなっている。

3）業績管理報告書

　ドーバー市では6年前から、ドーバー政府や一般議員たちに報告するために、業績管理報告書を作成している。掲載にあたっては、理解しやすいように、主要な情報に絞るとともに、各サービスの全体達成度状況や各サービス内で設けた指標の達成状況を信号機のように緑・黄・赤で表示している（図表10-2「ドーバー市の業績管理報告書（抜粋）」参照）。このような単純な表示の仕方に対しては、各サービス部門の責任者から必ずしも賛同を得てはいない。しかし、住民からの理解や注目がより進んだことは確かということであった。

図表10-1　包括的業績評価制度におけるスコア表

配点

最低より大いに上回る	4点
最低を上回る	3点
最低と同じ	2点
最低以下	1点

評価のウェイト

意欲度	×2
優先順位付け状況	×2
財源状況と人材能力	×2
業績管理状況	×2
達成度と改善状況	×7

（評価例）

・意欲度＝最低と同じ
・優先順位付け＝最低を上回る
・財源状況と人材能力＝最低と同じ
・業績管理状況＝最低を上回る
・達成度と改善状況＝最低を上回る
↓
（2点×2）＋（3点×2）＋（2点×2）
＋（3点×2）＋（3点×7）＝41点

よって、【判定：良好】

判定

優　秀	45点〜60点
良　好	36点〜44点
普　通	28点〜35点
弱　体	21点〜27点
劣　悪	20点以下

　なお、業績管理報告書に記載されている目標値は、ほとんどが中央政府から設定されているものである。また、これ以外の地域独自で設定している目標値についても、他の自治体と比較するなかで、挑戦的なものは避けるべきとされていることから、自治体内でしっかりと吟味が行われており、目標値を低く設定することで達成を簡単とするような例もないとのことであった。ただし、わが国でも指摘されているのと同じく、指標によってサービスの全体像を把握するということはなかなかむずかしいとの思いもあるとのことだった。

　なお、「業績管理指標を高めることが市民の満足度の向上に直接つながることになると考えているか」との質問を行ったところ、「指標の選定にあたっては住民の生活に重要だと思われるものを選んでおり、指標を高めれば当然

第10章　海峡の街と行政経営　　159

図表10-2　ドーバー市の業績管理報告書（抜粋）

Revenues, Benefits and Customer Services

NPI	Description	Outturn 2005/6	Target 2006/7	Q1	Q2	YTD	Quartile	Direction of Travel	RAG Status	Other Kent Authority's Q1 Average
BV066a	Local authority rent collection and arrears, proportion of rent collected.	97.42%	97.92%	98.23%	98.18%	98.18%	Median	↑	Green	96.12%
BV078a	Speed of processing: (a) Average time for processing new claims.	63.70 days	38 days	44.88 days	44.76 days	44.76 days	Lower	↑	Red	26.50
BV078b	Speed of processing: (b) Average time for processing notifications of changes of circumstances.	24.10 days	20 days	18.10 days	19.22 days	19.22 days	Lower	→	Green	5.86[5]
BV009	The percentage of council taxes due for the financial year which were received in year by the authority.	97.40%	97.90%	29.30%	56.88%	56.88%	Lower	↑	Green	29.88%
BV010a	The percentage of non-domestic rates due for the financial year which were received in year by the authority.	98.80%	99.30%	33.30%	60.64%	60.64%	Median	↑	Green	46.34%
BV079a	Accuracy of processing: (a) Percentage of cases for which the calculation of the amount of benefit due was correct on the basis of the information available, for the determination for a sample of cases checked post-determination.	95.60%	98.00%	96.27%	95.73%	95.73%	Lower	→	Red	98.80%

に生活を向上させることになる」と考えているとの答えであった。しかしながら、「業績管理指標のなかには、計測可能なものという制約もあって、必ずしも適切とは言えないものもあり、すべての指標がそうだとは言い切れないという面もある」との言及もあった。

4　自治体改革への自負と民主主義の浸透

　英国の地方公務員は、日本のように定期的な採用や異動が行われておらず、内部での異動や転出により定員に欠員が生じた場合には公募により採用が行われている。特に幹部職員は全国規模で募集がなされている。今回ヒアリングを行ったドーバー市の幹部職員が、公募によって任用された方かどうかの確認は怠ったが、皆一様に、英国での改革の先進自治体としての自負を持ち、住民の幸せのためにいきいきと日々奮闘している姿が印象的であった。部下が作成した業績指標や個別計画等に対して時には全面的な見直しを求めるなど、信念を持って組織を統括している面だけでなく、たとえば、われわれへの説明にあたって自ら作成したスライドをもとに、わかりやすく自信を持って話す姿なども目の当たりにして、まさしく自治体の'経営者'として、その存在ぶりにあこがれさえ感じるほどであった。

　三層に分かれている各自治体の機能を有効に発揮していくための制度である「近隣社会フォーラム」が、たまたま訪問した前夜に開催されるという幸運にも恵まれ、その様子をホットな状態で知ることができたが、小さな問題でさえも対話を重ねながら解決していく、英国らしい解決手法を具体な例を通して知ることができ、改めて民主主義の本元であることを実感した。

【参考文献】

　(財)自治体国際化協会「英国の地方自治」2003年1月。
　────「イングランドの包括的業績評価制度」2006年1月。
　────「マンスリー・トピック」2006年10月。
　(財)自治体国際化協会クレアリポート第282号「英国政府報告書(2)」2006年6月。

（財）自治体国際化協会クレア海外通信「地方自治白書で示されるイギリスの地方分権の動向」2007年2月。
Dover District Council, *Performance Report Second Quarter 2006/2007*.
―――. *The Bigger Picture 2006-2012*.
―――. *Community Strategy 2003-2010*.
The Kent Public Service Board, *The Kent Agreement*.
ドーバー市　http://www.dover.gov.uk/home.asp
フリー百科事典「ウィキペディア」http://ja.wikipedia.org/wiki/

第２編　英国の日常と市民生活

第11章 ロンドンの街並み
——世界一歩きやすい都市をめざす

1 イギリス到着

　日本から飛行機に乗ること12時間。ようやくイギリスの大地が眼下に広がった。天気は快晴。3月（2006年）とはいえ、春と呼ぶにはまだまだ寒さの残るこの時期にヨーロッパへ行くのだ。しかも、霧のロンドンというくらいだし、滞在中の天気はあまり期待できないだろう、と半ば諦めていたのだが、そんな私の予想に反して雲ひとつない青空だった。
　飛行機が着陸する直前、ふと窓の外を見ると、何か小動物が顔を出してこちらを見ているではないか。天気の良さに気を良くしていた私は、なんの疑いもなく「あれはウサギに違いない。さすがピーターラビットの生まれた国。ウサギがお出迎えしてくれるなんて」と感激していたのだが、いま考えてみると、別の生き物だったかもしれないし、そもそも目の錯覚だったかもしれない。
　とはいえ、ウサギがひょっこり顔を出していてもおかしくないような、のどかな田園風景が広がっているのは事実だ。空港というのはどこの国でも、たいてい郊外にあるものなので、都市的な建造物が少ないのは当然のことなのかもしれない。だが、この「田園」というのは、イギリス人の住環境を考える上で欠かせない要素であり、この後、私が目にするイギリスの街並みのそこかしこで感じた、安心感や居心地の良さといった感覚を理解する上でもヒントとなるキーワードでもある。イギリス訪問の初日にこうした光景を見

ることができたのは、幸運な体験だった。

2　入国審査と車窓から

1）イギリスの入国審査

　飛行機も無事着陸し、やれやれと安心するのはまだ早い。入国審査が待っている。イギリスは、入国審査がヨーロッパの中でも特に厳しいことで知られている。10年前、私が初めてイギリスを訪れたときも、フランスやスペインなどといった他のヨーロッパの国々に比べるとかなり厳しいという印象だった。いまはどうだろう。

　どきどきしながら入国審査のあるホールへと向かうと、すでに審査を待つ人の列ができていた。急いで列に並び、前の方を見ると、審査官は2人だけ。飛行機の到着が重なったためか、一気に人が集まり、あっという間に長蛇の列となってしまった。まるでテーマパークのアトラクションである。しかし、こんな状況でも審査官は2人のまま。空いているカウンターがあるにもかかわらず、増員される気配もない。審査の様子を見ていると、軽く一言二言ではすまない雰囲気だ。やはり、イギリスの入国審査はいまも厳しいらしい。順番を待つ人々の熱い視線をものともせず、淡々と仕事を進める2人の審査官。入国管理のプロとしてのプライドなのか、よほどのずぶとい神経の持ち主なのか、この混雑ぶりにもまったくペースを乱されることはない。

　小1時間ほど経ったであろうか。ようやく自分の番がやってきた。以下は、プロ意識の塊である審査官と、久しぶりの英会話に、しどろもどろの私との、緊張感あふれるやりとりの一部始終である。

　審査官「どこから来た」
　私「日本です」
　審査官「滞在期間は」
　私「な、7日間」
　審査官「？」

私「あ。い、1週間。1週間です」
徐々に雲行きが怪しくなってきた。
審査官「目的は」
私「(視察って仕事？　勉強？　なんだか疑われてるっぽいし。いいや観光にしちゃおう)観光です」
審査官「1人か」
私「あ、えと…」
遥か後ろの方に視察のメンバーが数名いたので後ろを振り返ってみたものの、それを説明する英語力はない。
私「…はい、1人です」
今のはちょっと挙動不審だったか、と内心どきどきしながら、平常心を装った。
審査官「仕事は何している」
私「(う、ついにこの質問が来たか。公務員ってなんていうんだっけ。う〜ん。えい面倒だ)事務員です」
審査官「どこで働いているんだ」
私「(そんなことまで聞くの？)日本の市役所です」
審査官「市役所で何をしているんだ」
私「え？ (市役所で働いてる事務員って言えば、公務員て分かりそうなものなのに。それじゃだめなの？　何？　もしかして疑われてる？　それなら最後の切り札だ。)業績評価です」
一応、業績評価という単語だけは知っていたのだ。これ以上突っ込まれたらもうだめ、と思いながら待っていると、審査官は一瞬いぶかしげに私を見て、まださらに何か言いたそうな顔をしたが、しぶしぶとスタンプを押した。私はというと、安心感よりも疲労感がどっと押し寄せた。こうしてなんとかイギリスに入国することができた。入国審査は、10年前に比べ、はるかに厳しくなっていた。もしかしてテロのせいなのだろうかと思ったが、少し事情が違うようだ。
イギリスは、EUの玄関口となっており、EU域外のさまざまな国からの直行便が毎日のように到着する。入国した者のなかには、不法滞在者や不法

就労者となって、そのままイギリスに住み着いてしまう者が多く、国内で問題になっているのだ。そのため、入国審査では、たとえ観光目的と言っても、所持金が十分にあるかどうか、ちゃんと職に就いているかどうか、万が一にでもイギリスで働くつもりでいないかどうかを探るのだ。それにしても、公務員と言っても信用されないとは。公務員といえども数ある職業のうちの一つにすぎず、職業など変わって当たり前と考えるイギリスならではの反応なのかもしれない。

2）車窓から

ヒースロー空港からロンドン市内までは約25kmの距離がある。地下鉄、タクシーなどいくつかある移動手段のうち、今回は、ヒースロー・エクスプレスを選んだ。これならロンドン市内のパディントン駅まで片道14.5パウンド、約15分で行ける。また、短い時間ではあるが、車窓からロンドン郊外の風景を楽しむこともできる。流れる景色のなかでもひときわ目を引いたのは、赤レンガ造りの、いかにもイギリス的な色合いをした家が立ち並ぶ地域だ。あまりにも同じ形をした家が続いているので、ニュータウン開発でもしたところなのかな、と思いつつそれらの家々をよく観察すると、ほとんどの家が、1つの屋根の下に壁をはさんで左右対称の造りになっている。日本ではあまり見かけないこれらの住宅は、「セミ・デタッチドハウス（Semi-Detached House）」という。

セミ・デタッチドハウスは、1930年代に通勤用鉄道の延伸によって都市部周辺に形成された中流住宅街によく見られるタイプの住宅である。建設当初は絶大な人気を誇ったこのタイプの住宅も、次第に、無個性で、美しいハーモニーに欠けると批判されるようになり、今日に至っている。それは、私にとって、電車のなかからほんの少し見えただけの景色だった。それにもかかわらず、強烈に印象に残った理由は、赤レンガの重い色合いと、同じ形の家が延々と続く景色に、漠然と違和感を覚えたからだ。その光景には、どこか人工的で無機質な匂いが感じられた。郊外であるからこそ、その不自然さが周囲の田園風景との調和に欠けるということになるのだろう。確かに、空港

周辺の何もないところから、いきなり整然とした住宅群が現れるというのは、周囲の環境との調和がとれていない風景といえるのかもしれないが、日本であれば、このような風景はいくらでも見ることができる。調和のとれた美しい風景を判断する基準が、日本とイギリスでは比べ物にならないほど厳しいことがわかる。

　ところで、「イギリス人の理想の住宅は？」というと、ほとんどの人が田舎の昔ながらの農家をイメージするという。それは、チューダー王朝時代から各地に作られた、貴族の邸宅である「カントリーハウス」に端を発している。都市部の住宅（タウンハウス）も、もともとはこのカントリーハウスをイメージして建てられているのだという。18世紀から19世紀にかけて、イギリスでは、全国的に工業化が進み、都市部へ流入する人口が著しく増加した。都市部の住宅不足を補うため、住宅の小型化も進み、徐々に住環境は快適さを失っていった。ついに、19世紀末には、貧困地域の住環境の悪化により、伝染病や治安の悪化などがおこり、その反動として、人々にカントリーハウスへの関心を呼び覚ますこととなった。同時期に、中世の職人の世界に理想を求め、手づくりを旨とする設計や装飾、家具、その他工芸品を手がけたウィリアム・モリスを代表とする「アーツ・アンド・クラフツ運動」に参加した建築家たちの影響も大きい。これにより、天井が低く、天然素材を活用し、シンプルさを良しとする装飾技術などを特徴とするカントリーハウス様式の復活へとつながっていく[1]。

　その後も、時代の変化とともに、住宅や都市を巡る状況は変化していくが、ほとんどのイギリス人にとって田舎暮らしが理想の生活であることは、いまも変わっていない。ロンドンのように便利でなんでもそろっている都会で暮らしている人でも、すぐにでも田舎で暮らしたいと思っている人は多い。それがかなわなければ、せめて庭付きの家というのが、若い人たちにとっても夢であり努力の目標なのだ。「英国病」と呼ばれた長い不況から脱し、経済成長の著しいイギリスでは、慢性的に住宅不足であり、条件のいい物件を手に入れるのは簡単なことではない。それでも、安易に妥協せず、自分好みの家を探すことに努力を惜しまないのがイギリス人だ。そして、苦労して手に入れた家を、今度は、さらに時間をかけて手を加えていき、心地よい空間を

作り上げていく。そのため、イギリスでは「DIY（Do It Yourself）」が盛んであり、専門店の数も多く、品揃えも豊富である。素人でも、住宅に関するあらゆる種類の道具や部品を簡単に手に入れることができる。家は手をかけるもの、という意識がしっかりと根づいているのである。

このように、イギリス人の住宅に対する考え方は、あくまでも「住まい方」にある。資産価値として家や土地を「所有する」のではなく、周囲の環境を含めて、個人がいかに快適に暮らすことができるかを追求する。これは、さまざまな場面で見られるイギリス人特有の行動様式の原点ではないだろうか。

3）パディントン駅

パディントン駅は、ロンドン市内に8つあるターミナル駅のうちの一つで、オックスフォード、ブリストルなどイングランドの都市やウェールズ南部へ行く列車が発着する。また地下鉄の路線が4本交差しており非常に大きな駅である。ヒースロー空港から到着したのは土曜日の夕方ということもあり、通勤客はまばらだったが、多くの人々が行き交っていた。

駅舎は、全体が鉄筋づくりとなっており、アーチ状になった屋根の一部と通りに面した出入り口側にガラスがはめられている。夕方なので陽の光は差し込んでいなかったが、夕闇を照らす街の灯りが感じられ、重厚さのなかにも、重苦しさを感じさせない、明るく開放的な印象だ。形状はいたってシンプルで無駄がなく、駅としての機能を保ちながら、建物としての美しさを感じる。

この駅舎を設計したのは、19世紀を代表する土木技師のブルネルという人物である。

千葉大学助教授の佐藤健吉氏らブルネルの研究者によると、当時、駅舎の設計は建築家が行うものとされていたのだが、ブルネルは、それまで鉄道や蒸気船の建造に携わり、培ってきた技術者としての知識と経験から、駅舎の設計には技術者が関わるべきとして、主要構造の設計を行ったという[2]。

また、特徴的なガラスと鉄の素材の使い方についてであるが、この駅舎の

建造時期（1850-1854年）と重なる1851年に、ロンドンで開催された世界初の万国博覧会において、人々を驚かせた「クリスタルパレス（水晶宮）」というパビリオンがきっかけとなっている。この万博は、産業革命を世界に先駆けて成し遂げていたイギリスの技術力をアピールする場であった。鉄とガラスという建築

写真11-1　パディントン駅
鉄の作り出す曲線とガラスとが、駅舎に優美さと開放感をもたらした

材料としてはまったくの異質な素材で作られたクリスタルパレスは、当時の最新技術の塊であり、人々に技術力の可能性を示すものであった。ブルネルは、このクリスタルパレスの長所を活かしてパディントン駅の設計を行ったのである。これもまた最新技術の結晶であった。さらに、駅舎の装飾など細部の設計に、ワイアットという建築家が携わったことも、建築物としての完成度を高めたといえる。

　私がこの駅を見て、機能性と建築様式の美しさを同時に感じた背景には、こんな歴史が隠されていたのだ。何気ないところに思わぬ歴史が潜んでいる、イギリスという国の奥深さを垣間見た。また、パディントン駅は、童話「くまのパディントン」でもよく知られている場所でもある。この童話が発表されたのは第二次世界大戦後の1958年。物語は、ロンドンに住むごく一般的な中流家庭の夫婦であるブラウン夫妻が、ペルーからの貨物船に隠れてやってきた「くま」と駅の遺失物取扱所で出会い、そのまま一家の一員として迎え入れるところから始まる。このくまは、出会った場所の名前をとって「パディントン」と名づけられた。彼があちこちで引き起こす騒動は、なぜか周りの人々の心を和ませ、あたたかい気持ちにさせるのだ。そんなくまのパディントンは、発表以来、多くの子どもたちに愛され、いまではパディントン駅のシンボルとなっている。トレードマークの奇妙な帽子をかぶって、トランクの上にちょこんと座った彼は、構内の片隅で行き交う人々を眺めている。

3 ロンドン市内を歩く

1）世界一歩きやすい都市をめざす

　今回の滞在では、1日は完全に自由にできる時間があり、また、視察先のうちのいくつかがロンドン市内にある政府等国の機関であったことから、ロンドン市内のいくつかのエリアを歩く機会に恵まれた。

　ロンドンを歩いていて真っ先に感じたのは、とても歩きやすいということだ。世界的な都市であるロンドンなら、当然のことと言われてしまうかもしれないが、歩道がとてもきれいに舗装されていて、足に負担がかかりにくいように思った。それに、歩道の幅も十分に取られており、ゴミ箱や街路樹などといった公共物が歩行者の邪魔にならないように設置されている。それが街中を歩くときに無意識にかかるストレスを解消しているように感じた。また、車道と歩道との段差解消などといったバリアフリー化も計画的に進められているようだ。

　ロンドン交通局（Transport For London）のホームページを見ると、地下鉄やバスなどの交通機関と並んで「Streets Management」というカテゴリーがある。そのなかに「The Walking Plan for London」という計画があり、「ロンドンを2015年までに世界一歩きやすい都市にする」と目標を掲げ、そのために、何をどうすべきか、といった計画が記されている。そのなかには、すでに実施済みの事例がいくつか掲載されており、たとえば、日本でも盛んになっている「ウォーキング」をする人のための環境整備、歩行者の導線を考慮して改良した歩道の整備、歩行者専用道路・エリアの拡充、障害者や高齢者などに配慮したバリアフリー化など、多種多様な「歩行者」のための取り組みが示されている。

　英国建築士協会の会員でもある都市デザイナーのテリー・ファレル氏は、住みよい街づくりの条件として「歩きやすさ」は必要不可欠であると指摘している。歩行者に対する細やかな配慮がなされているか、それが愛され続け

る街になるかどうかの鍵であるとしている[3]。この指摘は、「街づくりはいったい誰のためのものか」という都市計画の本質に迫るものである。道路や宅地など基盤整備することを都市計画の目的にしてはならない。そこで過ごす人々が快適で充実した生活を送ることができるかどうか、それを考えることこそが都市計画といえるのだろう。

　人々の生活を優先する街づくり、その象徴ともいえる歩行者優先の街づくり。ロンドン交通局は、そんな愛される街づくりの一端を担っている。このことは、ロンドン交通局が、単にバスや地下鉄といった公共交通機関のマネジメントだけにとどまらず、ロンドンの交通政策に積極的に取り組んでいるという証でもある。

　ここで、ロンドンの道路事情についても少し触れたい。イギリスはヨーロッパの中ではめずらしく左側通行の国であり、街中を歩いていても違和感がない。しかし、歩行者が道路を横断するときのルールは日本とはかなり違う。イギリスでは歩行者にとって赤信号は、気をつけて渡れ、というサインらしい。たいていの人は、赤信号でも、車が来なければ、さっさと渡ってしまう。比較的大きな通りなら、横断歩道に中央分離帯が設けられているので、そこで待てばいいのだ。そして、そんな歩行者達のために道路には「LOOK RIGHT」と書かれている。

　イギリス滞在中、郷に入れば郷に従えと、現地の人のやり方を真似していたのだが、赤信号だと、歩行者が横断歩道を渡っていても車は決して速度を落としてはくれない。クラクションを鳴らして注意を促すことも、マナー違反だとかでしないようだ。さらに、こういう場合、事故が起きても、赤信号を無視した歩行者に非があることになる。自己責任が徹底しているのだ。この「LOOK RIGHT」は、赤信号で渡る人に親切に教えてあげているのではなく、事故が起きてもあなたの責任になってしまいますよ、という警告なのである。厳しいようだが、これも「歩行者のため」なのだ。

2）街並み──居心地の良さと安心感

　イギリスに限らず、ヨーロッパの街並みを見て共通して感じるのは、その

統一感であろう。たとえば、フランスの首都パリは、ナポレオン3世の時代にオスマン男爵の手により大改造が行われ、現在の姿になった。整然とした街並みが出来上がっており、街全体が一つの芸術のように見るものを魅了する。パリでは、建物の色の規制はもちろんのこと、高さの制限についても、道路幅との比率によって厳しく定められており、それに反する建築物を新たに建てることはかなり難しい。

　ロンドンにも同様に、都市を象徴する建造物をさまざまなところから眺めることができるようにするため、1930年代から、建物の高さ規制を行っている。それは、セント・ポール大聖堂周辺の高さ規制を行う「セント・ポールズ・ハイツ（St. Paul's Heights）」や、「戦略的眺望（Strategic View）」の保全[4]である。特に、1992年から公式に始められた「戦略的眺望」の保全では、セント・ポール大聖堂と国会議事堂をロンドンのランドマークとして指定し、それらが、ロンドン市内全域に指定されている眺望点から直接眺めることができるようにされている。このため、飛びぬけて高い建物というものが造られにくくなっており、全体としてまとまりのある街並みができあがっている。また、1866年のロンドン大火で現在のシティの大半が焼失してしまい、それ以後の建築物は壁をレンガや石で造ることが義務付けられたことも、色合いが限定され、街並みに統一感をもたらしている理由の一つである。

　だが、イギリスの街並みには、こうした強制力によってもたらされる統一感はそれほど強くは感じられない。むしろ、居心地の良さや安心感の方が際立っている。ロンドンは、世界的な都市であるにもかかわらず、東京やパリと違い、妙な緊張感を強いられない、良い意味で緊張感がないのである。たとえば、ロンドンには、大小問わずたくさんの公園や緑地がある。その面積は実にロンドン全体の30％以上を占めており[5]、ロンドン市民の庭となっている。自然のなかで暮らしたいというイギリス人の嗜好を示すものである。

　また、地方へ向かう列車のなかから見る風景、ロンドンの街中を歩くとき目にする風景、そこには日本で見かけるような看板群や、歩道や車道にまでせり出したけばけばしいのぼりはまったく見当たらない。田舎に関してもまずないと言ってもいいだろう。街の美観を損なわないよう、建物に付随する

看板や社名の表示にも厳しい規制があり[6]、そのおかげで、看板などの広告物も建物の一部となって、全体の景色の中に溶け込むのだ。

日本では、経済的な利益につながらない「景観」を守るために、経済活動を規制するという発想はなかった。看板を設置することは、自由な商業活動の一環であり、正当な権利を行使している者に対して、多少見た目が悪いくらいのことで、規制などできないということであろう。生活者としての国民への配慮は二の次となっているのだ。そのため、田園地帯であろうと、住宅地であろうと、いたるところで商業活動がなされることになり、街並みは雑然とし、心休まる景色は国土のほんのわずか。そのわずかなところも、観光資源となってしまい、結局は商業活動に組み込まれていってしまう。一応、平成17年6月1日に「景観緑三法」が全面施行され、ようやく日本も景観保全のために動き出したところであるが、これまで破壊し続けてきた景観がすぐに元通りになるというわけではないし、よほどの強い覚悟がなければ、経済活動優先の風潮をなくすこともおそらくできないだろう。

写真11-2　ロンドンの街角

なぜ、イギリスでは景観保全と開発を同時に考えられるのだろうか。その理由として、建設・都市行政が環境省の所管となっている[7]ことが挙げられるだろう。日本で言うなら、国土交通省と環境省が一つになっているようなものだ。これなら、環境保全と開発というような相反する概念のバランスを、同じ価値観の下で決めることができ、自然や周辺の環境と調和した街づくりも可能となる。

イギリスでは、空港建設や地域開発などのビッグプロジェクトはもちろん、住宅などのちょっとした改修工事でも、周囲の環境に影響することであれば、必ず周辺住民などの利害関係者から意見を聞く制度が確立されており、そこで出された意見は、建設・開発許可審査に反映されるようになっている。ここでいう利害関係者とは、周辺住民だけでなく、全国的な自然保護団体や福祉団体、行政・政治・教育関係者である。さらに、イギリスには、歴史的

建造物や地域を国の指定で保存するための組織「ナショナル・ヘリテージ」、邸宅や庭園、海岸線保護のための民間組織「ナショナル・トラスト」、大都市周辺の虫食い状態を防ぐために開発の一切を制限する「グリーンベルト地帯」の指定制度がある[8]。これらは、イギリス人が建築物や自然の保護に対して高い関心を持っていることを示すと同時に、開発をどこまで許容するかということについての理念があるということも示している。

　イギリスの街並みが美しく、居心地がいいと感じるのは、そこで生活する人が快適であるかを第一に考えてつくられているからであり、何が快適なのかを住民自身が知っているからである。それは、自らの暮らしの質について理想を持ち、常に意識していることの表れなのだと思う。

4　足をはこぶ

　海外に限らず、見知らぬ街を旅して、そこで見かけた風景や出来事の意味が少しでも理解できたとき、通り過ぎるだけの街が一気に身近に感じられる。さらに、そこから新たな想像が膨らみ、より一層知りたいという好奇心が沸いてくる。

　最近は、本やテレビ、インターネットなどさまざまな手段で、多くの情報を入手することができるので、世の中で起こっていることの大半が分かってしまう。だから、つい、現地に足を運ぶということをおろそかにしてしまいがちだ。

　しかし、文字や写真だけでは伝わらないその場の匂いというものがあり、分かったつもりでいても、実際にそこで暮らす人を見たり、接することで初めて気づくことの方が実は多い。そんな当たり前で大切なことを、今回のイギリス自治体視察全体を通して再認識することができた。

【注】

1) Julian Bicknell「家が語る英国住宅史」『クオリティ・ブリテン '98』1998年1月、72頁より引用。
2) 佐藤健吉・平塚四郎・与儀博「ビクトリア時代の技術者：ブルネル父子（第11報　水晶宮とパディントン駅）」『日本機械学会講演論文集（No2-46）』2002年、49-50頁より。
3) テリー・ファレル「「住みよい街」って何だろう？」『クオリティ・ブリテン2001』2001年1月、8頁より。
4) 上田貴雪「ヨーロッパの景観規制制度——「景観緑三法」提出に関連して」『調査と情報（第439号）』国立国会図書館、2004年2月、3-4頁より。
5) ロンドン市観光局のWebサイトより。同様の内容は、ロンドン開発公社のWebサイトにも掲載されている。
6) 渡辺幸一『イギリスではなぜ散歩が楽しいのか？——人にやさしい社会の叡智』河出書房新社、2005年5月、23頁より。このなかで、渡辺氏は、日本の「街の大きな看板、繁華街やデパートの店内で一日中流れる音楽やメッセージ放送、配布されている無数のチラシやティッシュ。またテレビのけたたましいコマーシャル、国中にあふれる自動販売機」を、「私たちの購買欲を刺激しながら、これでもか、これでもかと攻めてくる」ように感じると述べている。また、そんな状況を「日本には欲望刺激光線が満ちて」いると称している。
7) 森田嘉久「建築が造り出す風景」『クオリティ・ブリテン '97』1997年1月、70頁より。
8) 森田嘉久「英国に学ぶ、開発と環境保全　住民が果たす役割」『クオリティ・ブリテン2002』2002年1月、47頁より。

【参考文献】

イアン・カフーン　服部岑生・鈴木雅之訳『イギリス集合住宅の20世紀』鹿島出版会2000年10月。

井形慶子『古くて豊かなイギリスの家、便利で貧しい日本の家』新潮社、2004年6月。

───『イギリス式お金をかけず楽しく生きる！』講談社、2006年3月。

上田貴雪「ヨーロッパの景観規制制度——「景観緑三法」提出に関連して」『調査と情報（第439号）』国立国会図書館、2004年2月26日。

佐藤健吉・平塚四郎・与儀博「ビクトリア時代の技術者：ブルネル父子（第11

報　水晶宮とパディントン駅）」日本機械学会講演論文集 No2-46, 49-50、2002 年。

テリー・ファレル「「住みよい街」って何だろう？」『クオリティ・ブリテン 2001』2001 年 1 月。

森田嘉久「建築が造り出す風景」『クオリティ・ブリテン '97』1997 年 1 月。

―――「英国人に学ぶ家とのつきあい方」『クオリティ・ブリテン '98』1998 年 1 月。

―――「街の営み、空中散歩」『クオリティ・ブリテン 2001』2001 年 1 月。

―――「英国に学ぶ、開発と環境保全　住民が果たす役割」『クオリティ・ブリテン 2002』2002 年 1 月。

渡邉研司・松本淳・北川卓編『世界の建築・街並みガイド 2　イギリス・アイルランド・北欧編』エクスナレッジ、2003 年 4 月。

渡辺幸一『イギリスではなぜ散歩が楽しいのか？――人にやさしい社会の叡智』河出書房新社　2005 年 5 月。

Cathrine Slessor「都市は市民のもの：英国における「都市開発」の理念」『クオリティ・ブリテン 2001』2001 年 1 月。

Ian Colquhoun「20 世紀初頭から今日まで：街づくり 100 年の紆余曲折」『クオリティ・ブリテン 2001』2001 年 1 月。

Julian Bicknell「家が語る英国住宅史」『クオリティ・ブリテン '98』1998 年 1 月。

ロンドン市観光局　http://www.visitlondon.com/

ロンドン交通局　http://www.tfl.gov.uk/tfl/

ロンドン開発公社　http://www.lda.gov.uk/

国土交通省　http://www.mlit.go.jp/

第12章 イギリス：買い物事情と街歩き
——実際に体験してみると

1 ホテル、コンビニ、そして物価

1) ホテルでのトラブルはつきもの

　私は平成2005年9月と2006年3月の2回、イギリス行政視察に参加した。視察に行く前までは、イギリスに対し漠然と、英語圏の白人の国というイメージを持っていた。しかし、実際にいってみるとまったく違っていた。国の様子や街の雰囲気は書籍やインターネットだけでは分からない。自治体などの視察はもとより、その合間に買い物や街歩きするという体験を通して、より深くイギリスを知ることが出来た。

　イギリスでは2回ともケンジントンにある同じホテルに泊まった。ロンドン中心部から西方面、地下鉄だとゾーン2（ゾーンについては後述）にあり、セントラルラインのホランドパーク（Holland Park）駅とシェファーズブッシュ（Shepherd's Bush）駅が最寄り駅である。ロケーションはなかなかのもので、少し歩くと、かつてチャールズ皇太子と故ダイアナ妃が住んでいたケンジントン宮殿のあるケンジントンガーデンがある。この公園は市街地にあるが、広大で緑があふれている。一度、散歩にいったところ野生のリスを見かけた。街の人々がジョギングしたりベンチで休んだりと憩いの場になっている。

　ホテルでは2回ともメンバーの誰かがトラブルにあった。私の部屋はク

ローゼットの扉が取れていたが、この程度はトラブルと呼ぶほどのことではない。ダブルブッキング、照明がつかない等など。同じ宿泊料を払っているのに、ダブルだったりツインだったり、バスタブがあったりなかったり、そんなことはイギリスのホテルでは当たり前のようだ。

2) 身の回りのものはコンビニ・スーパーで

　食料品や身の回りのものの買い物は、コンビニやスーパーを利用した。外食では不足しがちなビタミンを補給するための果物を買ったり、お土産用に現地の人が普段食べているお菓子や紅茶を調達したりなど重宝した。買い方はもちろん日本と同じで、カゴに商品を入れてレジに持っていくだけである。レジで金額が表示されるので英語が苦手な私でも気軽に利用できた。たまに話しかけられることもあるが、何度か繰り返してくれたり、ジェスチャーで伝えようとしてくれる。慣れないコインですぐに支払えないので、持っているもの全部見せて、とってもらったりもした。

　コンビニは日本ほどではないがよく見かけた。品揃えは日本とほとんど変わらない。サンドイッチ・サラダ・お菓子・水・ジュースなどの食料品、ティッシュペーパー・かみそりなどの日用品、新聞、雑誌など、大抵のものは揃っている。それほどたくさんのお店に入ったわけではないが、店員は肌が浅黒いインドや中近東系と思われる人が多かった。なかには妙にエキゾチックな音楽の流れている店もあった。日本のように元気に挨拶されるようなことはなく、どちらかといえば無愛想な感じのお店が多い。

　視察中、主に利用したのは、ホランドパーク駅からホテルまでの途中で、大通りから少し入ったところにあるお店だ。外見はコンビニというよりも住宅街にある個人商店という趣である。やや薄汚れた感じで、店の前には切花やジャガイモなども置いてある。コインを入れて取手をまわすとカプセルに入ったおもちゃがでてくる、いわゆるガチャポンも置いてあった。このお店の店員も浅黒い肌の人で、あまり愛想はよくなく、不機嫌そうな表情で見た目は怖いくらいだった。急に東洋人のお客が増えて興味を持ったのだろうか、視察メンバーの中には話しかけられた人もいて、見た目のわりに気さくな面

もあったようだ。

スーパーはテスコ（TESCO）、モリソンズ（MORRISONS）、マークス＆スペンサー（MARKS&SPENCER）などを利用した。最初の二つは大衆的な、マークス＆スペンサーはやや高級なスーパーである。コンビニと比べると品数も多く、生鮮食品なども並んでいる。棚を眺めるだけでも地元の人の生活が感じられて楽しい。

写真12-1　ホテル近くのコンビニ

モリソンズでは、ベルトコンベアのようなものがある見慣れないレジに遭遇した。カゴから商品を出しベルトコンベアの上に並べて、次の人との間を仕切る紙を置く。前の人の清算が終わると、置いた商品はレジの前まで流れていく。カゴのまま置けばいいような気もするが、レジひとつとってみても違いがあるものだ。

大手スーパーにはそれぞれ自社ブランド商品があり、安くて品質も良い。私はイギリス土産の定番ショートブレッドを大量に購入した。土産屋で売っているものと比べても遜色はない。ほかのメンバーもたくさん買ったため、ホテル近くのスーパーでは一時期ショートブレッドが品切れになっていた。もうひとつ、私が大量購入した物がある。それはビネガー味のクリスプだ。イギリスではポテトチップスのことをクリスプという。フィッシュ＆チップス（こっちのチップスはフライドポテトのこと）に酢をかけて食べるのは有名だが、菓子もお酢味が定番のようだ。駅の自動販売機などでも売っている。かなりすっぱいのだが、はまってしまった。好き嫌いは分かれるが、日本にはない味付けなのでお勧めである（ちなみに、同行されたI教授は、ビネガー味のクリスプが大の苦手のようであった）。

3）ロンドンの物価

日本は物価が高いといわれているが、イギリス、特にロンドンはもっと高いのではないかと思う。ちょっとしたところで夕食をとると5000円くらい

軽く超えてしまう。イギリスでの経費節減は食事をどのくらいのレベルにするかが鍵を握っているようだ。当時は1ポンド230円ぐらいだった。ドルとダブってしまうせいか、1ポンド硬貨が100円硬貨とダブってしまうためか、気がつくと結構金額を使っているということがよくあった。しかし、外食に比べるとコンビニやスーパーで売っている食品などはそれほど高くない。次の表はその一例である。

コカコーラ　　500ml	£1.09
ボルビック（ミネラルウォーター）　500ml	£0.89
牛乳　568ml	£0.49
ステラ（ビール）　500ml	£0.99
ウォーカーズクリスプ　34.5g	£0.55
プリングルス　200g	£1.79
卵サンド　2切れ	£0.99
アッサムティー　50バッグ	£1.24
ネスカフェゴールドブレンド　100g	£3.69

品物によっては日本より安い。土地勘のない私が立ち寄ったお店での値段である。現地の人たちは、もっと安く買い物しているのだろう。イギリスには日本の消費税のようなVAT（付加価値税）という税があり税率は17.5％である。かなり高率だが食料品のなど生活必需品にはかからない。日常生活を営むうえで、贅沢をしなければそれほど負担はないのかもしれない。この点は、わが国の消費税のあり方と基本的に異なる部分で、非常に参考になる。

2　食事と新聞、雑誌

1）食事もそんなに悪くない

ロンドンではフィッシュ＆チップスなど、伝統的に食べられてきたもの以外にも、イタリアン、中華料理、インド料理などさまざまな国の料理を食べることが出来る。イギリスの食事はあまり評判がよくないが、必ずしもそう

とも限らない。ただし、当たり外れは激しい。味覚は人それぞれだと思うが、個人的にはかなりひどい店もあった。

そんななか、日本食はかなりポピュラーなもののようだ。スーパーや駅（たとえば、ビクトリア駅やチャリングクロス駅）の売店（たとえば、WASABI）では寿司のパックや焼ソバ、おにぎりが販売されている。日本食のチェーン店（WAGAMAMA）もあり、かなりはやっていた。味噌ラーメンと餃子とサッポロビールを注文したところ、日本で食べるものとほとんど変わらない味だった。メニューによっては、イギリス流にアレンジされているものもある。別の日に、五目そばを注文したところ、マッシュルームやズッキーニが入っていて驚いた。駅に入っている本屋をのぞいてみると、日本食のレシピ本が売られているようで、ここでも浸透の度合いを感じることができる。

2）水道水も大丈夫

滞在中、飲み水は基本的にミネラルウォーターを購入していた。売られている水には炭酸の入っていないものと入っているものの2種類あり、普通の水を「スティル」、炭酸の入っているものを「スパークリング・ウォーター」という。スパークリング・ウォーターは、最近、日本でも良く見かけるようになったが、飲み口がすっきりしているので、気に入ってよく飲んでいた。

売っている水は2種類だが、飲食店で出てくる水にはもう1種類ある。それは「ジャグウォーター」水道水のことである。一度ためしてみたが、味は気にならず、おなかを壊すこともなかった。一般的にイギリスの水道水は飲むことができるといわれており、あまり心配しすぎる必要はないようだ。

しかし、肌や髪には合わなかった。滞在中、日に日に肌はかさつき、髪はゴワゴワしてきた。一度、髪を洗ったあと乾かさずに寝てしまったところ、次の日の朝、髪の毛が逆立ち、がちがちに固まってしまった。水をつけたぐらいでは直らず、髪を洗いなおさなければいけないほどで、危うく視察の集合時間に遅刻するところだった。イギリスの水はマグネシウムやカルシウムなどミネラルが多く含まれる硬水と呼ばれるものである。ミネラルとは体に

いいものと単純に考えていたが、肌や髪にとっては別のようだ。

3）新聞事情

　ロンドンでは新聞を街のスタンドなどで買う人が多い。配達制度があまり発達していないのだそうだ。売り場には英語だけではなくアラビア語や中国語などさまざまな言語の新聞が並んでいる。英語の新聞だけでもたくさんの種類がある。大きく分けると高級誌と大衆紙の2種類であり、読む新聞によって階級が分かるといわれている。高級誌とはいわゆるインテリ向けのもので、日本の新聞と違い政治的な論調が各誌違うとのことである。大衆紙とは労働者階級向けのもので、女性の写真が1面を飾るような新聞だ。日本のスポーツ新聞をどぎつくしたような感じである。日刊紙は基本的に日曜日が休刊日で、日曜日のみ発行の新聞もある。METROという無料の新聞もあり、朝早く地下鉄の駅に行くと手にいれることができる。

　新聞には求人広告が載っていて、公務員の募集もある。ここでは公務員の雇用制度について詳しく触れないが、キャリア・アップを目指す人はさまざまな自治体に転職していくのだそうだ。視察先で説明してくれたある職員も、多くの自治体で勤めてきた経験をもつと話していた。イギリスでは、特定の自治体にとどまるのではなく、次々と新しい自治体にポストを求めて転職した経験をもつ職員、さらには、大学院で修士号を取得したような職員が高く評価されている、この点、日本との大きな違いに驚きである。

　英語は苦手だが、高級誌と大衆紙を1部ずつ買ってみた。買ったのは高級紙のインディペンデント（The Independent）65ペンス、大衆紙のサン（The Sun）35ペンス。£1 = 100p（ペンス）である。サイズは日本の半分ぐらいの大きさだが、インディペンデントは80頁、サンは60頁ぐらいと厚みがある。イギリスの人は毎日こんなにボリュームのあるものを読んでいるのだろうか。

　日本の新聞もみかけたので、日経新聞と読売新聞を買ってみた。日経新聞2.8ポンド、読売新聞1.5ポンドとかなり高い。雑誌ぐらいは買える値段だ。日本版と比べると2誌とも上下の余白部分が大きく縦長である。読売新聞

は日本版ではカラーの写真が白黒になり、英語の記事も見開き1頁分プラスされているが、基本的に記事は同じ日の日本で発売されたものである。イギリスとの時間差は8〜9時間だが、同じ日に同じ新聞を読むことができる。インターネットがあればタイムレスで情報を得られるわけだが、妙に感心してしまった。

写真12-2　地下鉄駅売店の新聞コーナー

　日経新聞は、ホテルの売店でも扱っていて手に入れやすい日本語新聞のようだ。広告も含めてまるっきり日本で発行される版のままである。購買層は日本から来たビジネスマンということなのだろう。一方、読売新聞の広告には在英邦人向けのものが混ざっている。帰国の引越しパック、日本人歯科医院、日本食材のセール等など。ちなみに食材の値段はキッコーマンしょうゆ1ℓ2本で3.99ポンド、納豆（冷凍）4パック×2で1.59ポンド、日本米ひとめぼれ5kgで19.99ポンド。日本のテレビ番組のビデオレンタルというようなものもある。同じ日本の新聞でもスタンスに微妙な違いがあるようだ。

4）ビッグイシューとMANGA

　イギリス南岸にあるブライトン（Brighton）の駅で、身なりのあまりきれいではないおじいさんが、「ビッグイシュー」（The Big Issue）を売っていたので1冊購入してみた。1冊1.4ポンドだった。ビッグイシューとは社会企業（ソーシャルエンタープライズ）の代表格とされる、同名会社の発行している雑誌である。社会企業とは株主や所有者の利益最大化のためではなく、事業から生じた利潤を、当該事業やコミュニティにおける社会目的のために再投資する企業のことである。ボランタリーセクターとしての特徴と民間の経営手法により事業を行う企業の特徴を併せ持ち、貧困撲滅、雇用創出など社会的排除の問題に取り組むことのできる存在として期待されている。ビッグイシューの取り組みは、雑誌を発行しホームレスに販売させることにより、

自立を支援するというものだ。価格の半額で卸売りし、販売した差額がホームレスの収入となる。食料を提供するなどの支援とは異なる、ホームレスの自助努力を支援するものである。

　雑誌の体裁は、紙質はそれほど良くないものの50頁ほどで全頁カラー印刷である。買った号の巻頭特集はキューバの米軍基地にテロ容疑で拘束された若者を描いた映画についてだった。他にはニュースやCD・本のレビューなど。雑誌としとしてよくできている印象である。読者はホームレスのためということではなく、おもしろい雑誌だから買っているのではないだろうか。

　バーミンガム大学を訪れたときに構内にある本屋に入った。先生方が研究書を物色している間、店内をぶらぶらしていると、マンガコーナーを発見した。置いてあるもののほとんどが英語に翻訳された日本のマンガだった。日本では大学生がマンガを読むのは普通になっているが、イギリスの大学生も読んでいるようだ。しかも日本のマンガである。ショーウィンドウにディスプレイまでされていたので、主力商品なのかもしれない。別の日に街を歩いているとHMVで日本のアニメーションが大々的に宣伝されていた。日本のマンガ文化はイギリスにも浸透しているようだ。

3　地下鉄と治安

1）地下鉄はZONEで買う

　ロンドン市内の移動は地下鉄が便利である。日本のように○○駅から△△駅までいくらというような細かい料金設定はされていない。ロンドン中心部から円状に6つのゾーンに区切られていて、中心地から離れるごとに番号が大きくなる。乗車料金はどのゾーンからどのゾーンに行くかで決まる。単純明快だ。視察ではゾーン1・2で買うことが多かったのだが、視察の1回目と2回目の間の半年で、2.3ポンドから3ポンドに値上がりしていた（ちなみに、この料金は2007年8月現在で4ポンド、1£＝260円として、地下鉄初乗りが1040円となる）。短期間で大きな値上げだ。日常生活で使う人にとっ

ては影響が大きいのではないかと思う。

　切符は窓口でも自動販売機でも購入できる。自動販売機ではゾーンごとの料金に区分けされたボタンがあるので、行きたい駅がどこにあるか分かれば簡単に買うことができる。タッチパネル式のものもあり、画面の下にあるいくつかの国旗のうち日の丸を押せば日本語の表示で買うこともできる。切符は日本のものより大きく名刺ぐらいのサイズである。

　1週間の滞在だと、定期券を買ったほうがお得のようだ。イギリスにも日本のスイカ（SUICA）やイコカ（ICOCA）と同じシステムのオイスターカードというものがある。私は買うタイミングを逸してしまったが、買った人は乗車の都度切符を買う手間もなく、オリジナルのカードケースまでついていていいお土産にもなったようだ。

　自動改札の通り方は日本と少し違う。扉を通る前に切符を受け取るのだ。ウォータールー駅で、なんと私はこの扉に挟まれてしまった。1回券を買ったのに、前日まで1日券で移動していたため、飲み込まれてしまったと勘違いして、通り抜けずにいったんストップ。切符が出てくるはずがないことに気づいて通り抜けようとしたときにはとき既に遅く、身動きが取れないほどきれいにはさまれてしまった。構内には大音量のベルが鳴り響いた。視察団一行のO氏からは、駅構内に響き渡る大声で笑われてしまった。日本式だったらあそこで立ち止まることはなかったのだが……。

2）イギリスの治安、サラダボール・ロンドン

　1回目の視察はテロが起きてから2カ月しか経っていなかった。人の集まるところでは多くの警官を見かけ、なんとなくぴりぴりとした印象を受けた。街にはいたるところにCCTV（close circuit television　監視カメラ）が設置されている。特に空港や駅などは厳重で驚くほどの数が設置されていた。イギリスは比較的安全な国といわれているが、それでも日本に比べると治安は悪い。大勢の人が出入りするところでは、足元に置いた荷物でも目を離すと、盗まれてしまう。現地に住んでいる人からは夜遅くに出歩かないよう注意を受けた。また、危険な地区というところもあり、そうではない地区と隣り合っ

ていて、来訪者ではほとんど見分けがつかない。あまり不用意には歩かないほうがいいようだ。

　ロンドンを歩いているといろいろな人種の人と出会う。肌の色や服装もさまざまだ。イギリスに住む少数民族で規模の大きなグループはカリブ系またはアフリカ系で約130万人。次に大きいのがインド人で約100万人、第3がパキスタン／バングラディッシュ人で約95万人と続く。在英邦人は5万人程度である。イギリスの総人口に占める少数民族の割合は7％ぐらい。日本の外国人登録者数は1.5％ぐらいなので、比べるとかなりの多いことがわかる。しかしながら、ロンドンではその割合が20％近くになるという。風習を異にする多くの民族の存在は、治安の問題とは決して無関係ではない。われわれにとっての常識が、海外では必ずしも常識にはならないわけである。

　行政の住民向けの情報などは複数の言語に対応している。GLA（Greater London Authority）にあったパンフレットは中国語、ヒンディー語、ベトナム語、ベンガル語、ギリシア語、トルコ語、アラビア語、ウルドゥー語（Urdu）、パンジャブ語（Punjabi）、グジャラート語（Gujarati）のものがあった。ちなみにウルドゥー語、パンジャブ語、グジャラート語は、あまり聞きなれない言語であるが、インド周辺で使われている言語である。イギリスで使われている言語は300を超えるといわれている。イギリス、特にロンドンは移民国家でありまさに「サラダボール」の街なのである。

【参考文献】

伊藤善典「勃興する社会企業——英国の社会企業（ソーシャル・エンタープライズ）の動向（上）」『週刊社会保障』第2327号、2005年。
――――「勃興する社会企業——英国の社会企業（ソーシャル・エンタープライズ）の動向（中）」『週刊社会保障』第2328号、2005年。
――――「勃興する社会企業——英国の社会企業（ソーシャル・エンタープライズ）の動向（下）」『週刊社会保障』第2329号、2005年。
英国大使館　http://www.uknow.or.jp/be/
自治体国際化協会　http://www.clair.or.jp/index.html
法務省　http://www.moj.go.jp/
ロンドン市観光局　http://www.visitlondon.com/fl/jp/

第13章
イギリス人のファッション・プライド
——個性と機能性の追求

1 ファッション事情の担当になって

　2006年3月のイギリス自治体視察に際して「一人ひとつのテーマについて帰国後報告書をまとめる」ということになり、どのテーマにするか悩んだ。結果、石原先生の勧めもあり、日ごろから関心のあるファッションについて書くことにした。はっきり言って私は、あまりセンスが良くない。流行についても常にアンテナを張ってできるだけ取り入れるようにしているが、年齢的にさすがにストリートファッションには挑戦できない。普段はキャリアウーマン系のファッションについて情報収集している。神戸在住だが、最近の若い女性のいわゆる「神戸ファッション」はとてもかっこいいと思う。

　イギリスに出発するに当たって、講読しているファッション雑誌（小学館の「DOMANI」）のイギリスファッションに関するページの切り抜き作業をすることにした。が、実際に記事を探し始めるとイギリスに関する特集がほとんどない。個人的には「ロンドンコレクション」などのイメージがあり、「ファッション都市ロンドン」を思い描いていたが、海外のファッション特集では、パリ・ミラノと来ると次はNYに行ってしまう。ロンドン＝ファッションの最先端というイメージは無いようである。仕方がないので、ヨーロッパ特集のページとイギリスの有名ブランド・バーバリーのページを切り抜いてファイリングした。

　イギリスに到着した初日（2006年3月5日）。ヒースロー空港では、色々

な人種の人がいるのに驚いた。市民が話す母国語の数が330種類（神戸は117種類）というのが納得できる。翌日（3月6日）は日曜日だったため、市内観光に出かけた。早速、ロンドンっ子のファッションスナップを、と思ったが、われわれが訪ねたのは観光地としてのロンドン。ロンドンの地元の人はほとんどおらず、観光に来た外国人の姿が目立つ。ビッグベンの近くで、典型的なパンクファッションのカップルを発見。残念ながら写真を取ることができなかったが、さすがロンドン、ちょっと感動した。

　この日は一日中、ロンドン市内を散策してまわったが、一番驚いたのは化粧をしている女性が少ないことである。白人女性は化粧をしていなくても色が白いので（当たり前だが）あまりわからないが、ファンデーションを塗っている女性はとても少ない。ほとんどの人がすっぴんで外を歩いている。日本では考えられないことである。紫外線もきつそうだったので、大丈夫なのだろうかと少し心配になった。そして、なんといっても服の色使いが乏しい。みんな黒っぽい服ばかり。寒い季節なので、仕方がないのかもしれないが帽子や手袋、マフラーなどの小物やバッグにいたるまで暗い色が多く、きれいなカラーを身につけている人がほとんどいないのにはちょっとがっかりした。その反面、これから来る季節を予感させるブティックのディスプレイは、明るめの色でコーディネートされていた。「NEXT」や「DIESEL」といった地元の若者向けブランドもとてもおしゃれな感じがした。

2　ロンドンのブランド街

　火曜日（3月8日）の午後は、自由行動だったので、さまざまなブランド店が軒を連ねるグリーンパーク駅近くのストリートを歩くことにした。グリーンパーク駅を降りるとあの有名なホテルリッツがある。フランスのホテル王セザール・リッツが1906年に開業したロンドンを代表する名門ホテルで、いくつもの小説や映画の舞台となった。アフタヌーンティが有名だが、あいにく時間がなかったため、ゆったりティを楽しむのはまた次回にすることにした（なんと言っても一人というのが寂しい）。

ピカデリー・サーカス駅の方向に二街区歩いたところに、ボンドストリートはあった。平日の午後、しかも雨模様の天気ということで人通りはまばらだ。グッチ、シャネル、ヴィトン、ティファニーなどなど、女性があこがれる世界のブランドが約1Kmの通りに集結していた。観光旅行で来ていたなら、一番に行く場所であろう。

写真13-1　ロンドンの地元ブランド「DIESEL」

　ここにいる人たちも明らかに外国からの観光客である。金髪に青い目のモデルのような若い女性から「フェンディはどこにありますか？」と声をかけられた。彼女の持っているガイドブックと私の持っている地図をあわせて、二人で探したが、結局わからず、「sorry」と言って別れた（この近辺にフェンディは存在しなかったようである）。

　そういえば、ロンドンに来てから、ブランド物のバッグを持っている人をまったく見ない。関西ではOLも女子大生も（おそらく）3人に一人は有名ブランドのバッグをもっている。日本のほうが異常であることは間違いない。10年以上前、ヨーロッパに住んでいた友人から聞いたことがあるのだが、ヨーロッパの若い女の子にとって、ブランドというのは「憧れの対象」。いつかあのバッグが似合う女性になって、それを自分で買えるだけの経済力をつけて手に入れるのが目標なのだ。この話を聞いた当時、貧乏な新人OLだった私はその考えに妙に共感してしまった。「お願いして、人からプレゼントされて持つのがブランド物ではない。ちゃんとその歴史や創始者のポリシーを勉強した上で、本当に好きなブランドのものを身に付ける。そしてそれが似合う女性になる」ことが必要十分条件となる。

　さて、話は少しそれてしまったが、ボンドストリートの話に戻そう。さすがにここを歩いている人は、ブランドバッグを持った人ばかりである。年齢層は、日本のブランド街を歩いている人よりも明らかに高い。「マダム」と呼ばれる層の女性たちだ。みな、高価なコートと一緒に、とても上品そうなオーラをまとっている。そんなマダムたちの雰囲気に圧倒されつつ、私も1

軒1軒、店に入ってみた。シャネル、グッチ、ブルガリ……。明らかに事前調査してきた日本の価格より高い。海外に来て日本より高い価格でブランド物を見るのは初めてである。改めてロンドンの物価の高さを実感した。もちろんどの店でも買い物はしなかった。ボンド・ストリートでは、色々なショウウィンドウを楽しむこともできる。なかでも、アクセサリーのディスプレイがとてもきれいに仕上っていて感動した。

1) バーバリー

シャネルの5番やエルメスのケリーのように、ファッションの世界にはいくつかの歴史的定番がある。バーバリーのトレンチコートもそのひとつである。19世紀半ばに創業したバーバリーは防水加工を施した特殊な糸で織り上げた「ギャバシン地」を開発して、評判となった。その後、英国陸軍省に採用されそれが現在のトレンチコートの原点となっている。その当時から現在に至るまで、英国王室御用達を務めているまさしくイギリスを代表するブランドである。

今回は、そのトレンチコートを購入するのが目的でバーバリーのお店の扉を開けた。2フロアからなる開放的で明るい店内。1階にはメンズ、レディースの小物がセンスよく並べられており、定番の"バーバリーチェック"のマフラーや傘、ネクタイ等もある。2階はウェアのフロアとなっていた。その1室が、トレンチコートの部屋である。私が行ったときも数人の女性がコートを選んでいた。英語ができない私は、店員に話しかけられないように少し控えめな態度で、すべての棚をチェックした。が、私の探しているコートは見つからない。仕方なく、フロアにいた男性店員に声をかけた。日本から持参した雑誌の切抜きを示し、「このコートがほしい」と告げると、ここにはないとの返事。代わりにこのコートなどはどうかと何点か勧められた。定番のベージュではなくカーキ色のトレンチコートを探していたのだが、この店には他のデザインでもその色は存在しない様子。仕方なく購入をあきらめ、店を後にした。

外に出て改めて、ショウウィンドウをチェックした。ベージュのプリント柄のワン

第13章　イギリス人のファッション・プライド　　193

写真13-2　アクセサリーのショウウィンドウ　　写真13-3　バーバリー

ピースとゴールドのレインコートのディスプレイが目を引く。今年はベージュが流行色のようで、上品だが少々迫力に欠けるディスプレイが多いように感じる。光沢のあるゴールドのレインコートは、他社のデザイナーや敏腕マネージャーを役員に迎え、モードを意識した新たなトレンドへと刷新中のバーバリーの心意気を感じさせるものであった。

2）プリングル

　さて、こちらも英国の老舗ブランド。創業は1815年とバーバリーより古い。ここの定番のアーガイル柄はバーバリーチェックに比べればマイナーではあるが誰もが一度は目にしたことがあるであろう。バーバリーとは対照的にカシミアをいち早く素材に導入したことから、ニット製品のブランドというイメージが強かった。

　そんなプリングルであるが最近ではそのイメージを一新。若者向けブランドへと大変身したのだ。日本でも数年前から若い女性の間で大ブレイク。獅子のマークが入ったスポーティなボストンバッグは20歳前後の女性の定番となっている。私自身、そのイメージが強く、今回色々調べてみるまで、プリングルが英国王御用達ブランドであることを知らなかった。実際私たちの年代が読むファッション雑誌には、掲載頻度が極端に低い。反面、20代の女性を対象とした雑誌には、常に新商品が紹介されているのである。そういった意味で、プリングルの新しい試みは成功していると言える。

　プリングルの店舗はボンドストリート駅に近い側の角に面して建ってい

た。ワンフロアだがゆったりした配置で見やすい店内。手前にウェア、奥にバッグなどの小物が配してある。ガイドブックには大人向けのゴールドレベルが立ち上がっていると書いてあったが、先入観が邪魔して、やはり若い女性向けのデザインに思えてしまう。10歳若かったら着てみたいと思うスカートやトップスが並んでいる。

今春の流行は「甘さ」がキーワードだ。色はベージュやベビーピンク、トップスはレースをあしらったかわいい系、スカートもフレアや裾が不ぞろいなデザインが店頭に並んでいる。プリングルも上手にその流行を取り入れている。今年は、日本でもバッグだけでなくウェアも流行しそうだと感じた。

大人気のバッグも新色が並んでいた。パステル系の色とスモーキーな色を上手に組み合わせた2色使いのデザインは思わず手にとってみたくなる。しかし残念ながらロンドンでは持っている人を一人も見なかった。プリングルの大変身は、若者がブランド物を持たないイギリスではどのように評価されているのだろうか。

3　デパートとファッション雑誌

残念ながら、滞在中ハロッズには立ち寄れなかったが、ボンドストリートのちょうど中間地点にあったデパート「Fenwick」を見ることができた。店内には、日本でも人気のDKNYやBALLYなどのウェアや小物が並んでいた。JTBのwebサイトには「若い女性に人気のデパート」とあったが、店内にはやはり年配の女性の姿が目立つ。「VIP」という名のキャンペーンをしていたが、商品の配置などはあまり高級感が感じられない。アメリカのデパートもそうなのだが、高級な商品を取り扱っているのに、そのディスプレイが非常に安っぽいのである。その点、高級感をうまく演出するのは日本のデパートのほうが数段上手のように思う。

その「Fenwick」の1階にネイルサロンを発見。早速入ってみることにしたのだが、あいにく満席だったので、予約を入れて1時間後に再度来店することとなった。さて、いざ席に着き、ネイルアーティストの女性と向かい合

うと少し緊張した。不自由な英語で希望を伝え、ネイルケアが始まった。手順は日本のものとほぼ一緒。形を整え、表面を軽く削り、甘皮を処理。その後カラーリングである。途中ハンドマッサージもあり、とても気持ちよかった。何とか英語で、日本から来たことやロンドンの感想などの簡単な会話をすることもでき、ちょっとほっとした。

　アートなどの細かい注文をすることができなかったので、シンプルなピンクのカラーリングにした。日本のサロンより短時間で仕上がった。値段は日本のほぼ倍である。ハワイなどでは日本の半額くらいなので、ここでも物価の高さを実感する羽目に。まあ、爪がきれいになったのでよしとすることにした。

　ブックストアに入るとさまざまなファッション雑誌が並んでいる。日本語版が出ている「マリークレール」や「エル」「コスモポリタン」といったおなじみの雑誌が多かった。「イギリスならでは」というファッション雑誌を探したが、それは駅の売店にあった。なんと、駅の売店では"おまけ付き"で、ファッション雑誌が売られていた。たまたま傘を忘れた同行者が「傘つきファッション雑誌」を発見、購入したのだが、その値段は「アニエス　ベー」の傘が付いて3ポンド（約600円）。イギリスに来て初めて「お得なもの」に遭遇した瞬間であった。私はその雑誌を頂くことにした。

　部屋に帰ってぱらぱらめくると、ウェアや化粧品、小物の情報等ロンドンの若者向けに編集された内容であった。日本の雑誌に比べて色のトーンは少し暗め。だが、個性的でおしゃれな雰囲気が伝わってきてとてもうれしくなった。この号の特集はジーンズ。刺繍やラインストーンによる飾り付けの付いた今年っぽいデザインのジーンズが満載である。日本同様、ロンドンもジーンズをはいている若い女性が多い。日本では数年前からカジュアルだけではなく、オフィスやパーティなどでもジーンズが活躍するようになってきたが、ロンドンにおいても、様々なシーンでジーンズが活躍しているようである。

4　ロンドンの市民のファッション感覚

　ロンドン市内を歩いていると、白人女性より黒人女性のほうが圧倒的におしゃれであることに気が付いた。とにかくぱっと目を引くのは黒人女性である。まず、彼女たちはスタイルがよい。手足が長くて腰の位置も高い。「服を着こなすために生まれてきた」といった体型をしている。身に着けている洋服のセンスもよく、カラーの組み合わせもとても個性的で美しい。背筋を伸ばして通りを歩いている姿はロンドンの町並みにとてもマッチして、絵になる。もっともっとたくさんの黒人女性の写真を撮りたかったが、なかなかできなかったのが残念である。あんな着こなしができれば、素敵だなあと思う人が何人もいた。反対に白人女性の着こなしはなんとなく元気がないように感じた。

　今回の視察では、ロンドンの中枢機関や地方自治体、監査機関等を訪問したがそこで働く女性のファッションは本当に個性的であった。日本では「キャリアウーマン」というと、「バシッとタイトスカートのスーツ（最近ではパンツスーツ）を着こなして」というひとつの形が出来上がっているが、ロンドンのキャリア女性は自分のセンスで好きなものを身につけているという印象を持った。ダークなスーツに身を包んだ女性がいるかと思えば、フェミニンなワンピースを着た女性がいたり、カジュアルなファッションを上手にビジネスシーンに取り入れている女性もいた。

　通訳の君和田さんのファッションも印象的だった。特に彼女のロングスカートの着こなしが、通訳という正確さを求められるハードな仕事をしている女性とは思えないくらいやさしい雰囲気を醸し出していてとても素敵だった。

　最終日（3月12日）にセントポール大聖堂を見学した際に、大聖堂内の食堂で、結婚式に参列する人々を見ることができた。インド系カップルの結婚式のようだったが参列者はまさに多様な人種の人たちの集まりだ。フォーマルファッションは民族衣装あり、ロングドレスあり、スーツあり、のきれ

いなカラーを取り入れたゴージャスな装いであり、黒が主流になりがちの日本のお呼ばれファッションより数段華やかな感じであった。こういう場面に遭遇することができて本当にラッキーだった。

　ロンドンのファッションと日本のそれを比較すると、全体的に日本女性のほうがファッションに関心があるような印象を持った。このことは言い換えると、日本女性は「ファッション」に、というよりは「流行」に関心があるのではないかと考えられる。日本では毎年変わる流行を敏感にキャッチして、それを取り入れる。「今年はこれが流行る」となるとそのカラーや素材のものが街に溢れ出す。そしてみんなが同じようなファッションで身を包む。ファッションリーダーがもてはやされる日本では、流行が浸透するスピードが世界で一番速いように思う。

　一方、ロンドンの女性は他人の真似をしたりせず、自分の個性を大切にしているように感じた。確かにロンドンにも流行はあると思うが、本当に気に入ったものしか取り入れないこだわりの強いロンドン女性の間では、日本よりもゆっくり浸透していくのではないかと考えられる。そのため「定番」といった長く愛されるものを好む傾向にあるように思われた。

　今回は3月初旬のまだ寒い時期に訪英したため、全体的に黒っぽいファッションしか目にすることはできなかった。また季節が変わればその辺の印象が違ってくるのかもしれない。しかし、質素な中にも伝統を重んじるイギリス人のプライドというものを強く感じた。パリやミラノとは一味ちがう、「ロンドン」のすばらしさを見せ付けられた気がした。実際にロンドンの街を訪れてみて、「百聞は一見にしかず」ということわざを身をもって体験した思いがした。ファッションについても、雑誌で知っているつもりになっている情報と実際に体感するロンドンの様子とはぜんぜん違っていた。今回はもとより、イギリスの自治体行政視察の合間を縫ってのファッション関係の情報収集ではあった。英国自治体の先進事例のなかにも課題があり、それを日本の自治体と比較してみると、「日本の自治体もなかなか頑張っているな」という感想を持つことも多かった。渡英前は、「まだまだ欧米諸国には遠く及ばない」という思いが強かっただけに、帰国してから仕事をする上で、自分自身の自信につながった。ファッションにもまた、同じようなことも言えるのである。

第14章
管理栄養士が見たイギリスの食文化
―――伝統とバラエティー

1 不安がいっぱい、イギリスの食生活

　イギリスの料理は、アメリカなどと並んで「不味い」と言われる料理の代名詞のように使われている。渡英することを決め、友人に話をするたびに「食べる物は美味しくないらしいね。イギリスに行ったら中華料理かインド料理は美味しいらしいから食べると良いよ」と、あまり嬉しくないアドバイスをいただいた。
　確かに私自身も「フレンチ」や「イタリアン」という言葉を聞くことはあるが、「イギリス料理」という言葉を聞いたことがなく、イギリスの食べ物と言えば「フィッシュ・アンド・チップス」くらいしか思いつかなかった。寒いイメージのあるイギリスでは、ジャガイモくらいしか農作物で有名な物も思いつかない。日本と同様、海に囲まれた国ではあるが、新鮮な魚介類があるというイメージもない。イギリスでは食べる物に期待できないのではないかと、諦めていた。ただ、出発前に読んだ何冊かのガイドブックには、ロンドンでは最近グルメブームで、雨後の筍のように新しいレストランが出来はじめている。ロンドンではイタリア料理やフランス料理、中華料理の美味しい店が多い。イギリスらしい食材を使いながらも、イタリアや南仏料理のようにハーブを多用したり、エスニックなどのエッセンスを取り入れた「モダン・ブリティッシュ」という新しいイギリス料理が盛んになり、20～30代の若い料理人が活躍し流行している。などと書かれており、ほんの少しの

期待を持ちつつイギリスへと出発したのである。

　結果的には1週間の滞在中に、驚くほど不味いという食事と出会ったのは、イタリア料理の店と日本料理風のラーメン店だけであった。調理法、素材、味付け等がシンプルで単調。塩とコショウを「どっさり」と使う必要があったり、マヨネーズを「たっぷり」と使って食べることもあったのだが、イギリス料理の伝統的な食べ方が「どっさり、たっぷり」使って食べることだと考えれば、それなりに美味しく楽しく食事をすることができた。残念ながらイギリス料理は、周りの人が期待するほど不味い物ではなく、単調な調理法と味付けが「不味い」というイメージにつながっていたのである。

2　ロンドンで食べる

1）イギリスの伝統料理

　イギリスの伝統的な料理を食べようと思ったら、パブが一番である。もちろん当たり外れはあるとは思うのだが、イギリス滞在中に何軒かのパブに行った経験からも、「パブでランチを食べるのが一番！」という結論となった。最近は、ガストロパブと呼ばれる本格的な料理を出すパブもあるそうだが、短いロンドン滞在であれば、普通のパブで普通にランチを食べる楽しみ方もオススメできる。日本で言えば「居酒屋の昼定食」と置き換えられるかと思うのだが、居酒屋の「つまみ」で昼食を食べると考えれば、その魅力を少し理解して頂けるだろうか。

　イギリスで最も有名な伝統料理と言えばフィッシュ・アンド・チップスである。大きな白身魚の天ぷらのような揚げ物に、大量のチップス（フライドポテト）の組み合わせ。味付けは薄めなのでビネガー（酢）やタルタルソースのような物をつけて食べる。もうひとつの伝統的な料理と言えばローストビーフ。脂身の少ないパサパサとした牛肉の薄切りに、よく茹でた人参とヨークシャープディング（味のないパンとプリンの中間のようなもの）、焼いた小さなジャガイモが添えられている極めてシンプルな料理だが、たっぷりと

かかっているソースの味を楽しむには十分だった。

その他にも伝統的な料理はいくつかあるが、どの皿にもチップスやマッシュポテトなどのジャガイモ料理が添えられている。イギリス滞在中に「イギリス料理の主食は何だろうか」と考える事があったのだが、イギリスでは「これが主食で、これが副食」という感覚がないようである。米やパンなど、炭水化物を摂るための食品を主食と考える私たちが、「イギリスの主食は何か？」と無理矢理考えるとすれば、じゃがいもなのかも知れないと理解した。その位、どの皿にも大量のマッシュポテトやチップスなどのジャガイモ料理が添えられていたのである。

写真14-1　イギリスを代表する料理
フィッシュ・アンド・チップス

イギリスで本格的なレストランに入ると、店員が飲み物とスターターの注文を取りに来る。このスターターが曲者で、これを前菜の感覚で注文をすると、あまりの量の多さに驚いてしまう。1食分に相当するほど大量のスターターに目を丸くしてしまい、メインを注文することに躊躇してしまうのである。そんな経験した後、どうせ食べきれないのだからスターターを注文せず、飲み物とメインを注文したいと考え、メニューを見ながらメインの料理を注文しようと試みると、「まずはスターターから注文してください」と言われてしまう。仮に語学が堪能だったとしても、その壁を乗り越える事は難関である。イギリスのレストランはマナーも重要なのだろう。

パブではそんな気遣いも心配も必要ない。「とりあえずビールね。あとはフィッシュ・アンド・チップスください」と注文をしても、スターターを勧められることもなく、十分にメインとなる料理を楽しむことができるところが嬉しい。もちろん観光目的でのイギリス滞在であれば、昼食時からビールを片手に、地元の人たちと同じ気分でフィッシュ・アンド・チップスを頬張るのは最高の楽しみであろう。

2）世界の料理

　イギリスの歴史を見ると、さまざまな国籍を持つ人が住んでいることは理解できる。多くの言語が飛び交うロンドンは、東京と同じように食べる物に関しても多国籍で、いろいろな国の料理を楽しむことができる。1週間の滞在中に食べた料理の国籍を考えるだけでも、タイ・インド・中国・イタリア・日本と5つも簡単にあげることができた。もちろんインド料理が美味しかったことは言うまでもないのだが、ロンドンで最初に食べたタイ料理は本当に美味しく感じた。タイ独特の香草（パクチ）が苦手な日本人も多く、それが原因で「タイ料理は苦手」と言われる方も少なくない。ロンドンで食べたタイ料理は、その香草の量が控えめで食べやすかった。ロンドンの人たちに受け入れられるようなアレンジをした各国の料理は、旅行者である私たちにも受け入れやすいのかも知れない。

　反対に美味しくなかったのが、イタリア料理店で食べたスパゲティ。スパゲティは、アルデンテという少し芯が残る程度に茹でた物が良いと日本では言われている。しかし、イギリスの伝統的な調理法である「よく茹でる」作業はスパゲティも例外ではなく、麺はのびきるまで茹で上げてある。しかも味の薄いソースが品良くかかっている程度。大量の塩と胡椒をふりかければ食べられるのだが、正直に言えばイギリス滞在中で最も美味しくない料理というイメージが付いてしまった。

　その後、同行者の間では「よく茹でたスパゲティ」の事を「白ミミズ」と呼ぶようになり、再び「白ミミズを食べたい」と言う人は現れなかった。ガイドブックには「ロンドンは、中華とイタリアンが美味しい」と書いてある本が多いので、たまたま運が悪かったと思いたいが、ロンドンでもう1度イタリア料理店に行き、スパゲティを食べてみようと考えるには、かなりの覚悟が必要になりそうである。

3）食いしん坊は英語上達の秘訣

　実はイギリス生活3日目くらいまでは英語を喋ることに躊躇があった私は、同行者の真似をして買い物をするか、誰かに頼むことですべてを済ませていた。英語を喋らずに買い物が出来るコンビニで、冷たいサンドイッチを買うことですら「お店の人に話しかけられたらどうしよう」と、ドキドキしていた。

　そんな私が途中から、何でもとりあえず自分で買おうと試しはじめたのである。その理由は「ロンドンには様々な国籍の人が生活していて、全員が流暢な英語を話すわけではない」ということに気づいたことや、「これを食べてみたい！」という好奇心がおさえられなくなったこと。そして無事に購入することが出来た時に味わう小さな達成感。これが「次はこれを試してみよう！」と思えるようになる原動力になったのである。

　最初に英会話にチャレンジするのは、ファーストフードで買い物をしてみるのが一番良いかも知れない。仮に英語が伝わらなくても、予想される最大の失敗が「本当に食べたかったものと違う物が出てきてしまった」程度で済むからである。日本のファーストフード店のように、カウンターの上にメニュー表がある所はないため、メニューを指差しするだけで黙って買うことはできない。どんなに拙い英語でも、とにかく喋らなければ何も買うことが出来ないのだ。観光客を相手にする大きな駅の構内などにあるファーストフードの店は、店員も慣れているので想像力も豊かになっている。ハンバーガーとコーヒーを注文したら、オレンジジュースが出てくる程度のことは覚悟が必要。これを訂正できる程の英語力があればと思ったのだが、それは帰国後の英会話スクールに入学するための原動力にすれば良い。

　幸運なことにロンドンは親切な街であった。ファーストフード店で注文をする時、店員が親切な英国のオジサンやオバサンのときは「何でも言ってごらん。何とかしてあげるから」という笑顔で気持ちよく対応してくれる。さらに買い物に来ているお客さんも親切であった。ベーグルサンドを買おうとお店に行った時のこと。店員さんに「どの種類のベーグルにするか？」と聞

かれたことがあった。ベーグルのパンの種類を選ぶように言われていたのだが、予想していなかった質問で聞きとることが出来ず、何のことかまったく理解できずに戸惑っていると、同じくベーグルサンドを買いに来ていたオジサンがジェスチャーで「このパンのなかから選ぶんだよ」と教えてくれたこともあった。もちろん、満点の笑顔付きで。

　食べ物を買うことで飛躍的に英語力が付くのではなく、単に度胸が付くだけなのだが、「まず話してみる」という経験をするには食べる物を買うという行為が一番簡単。もし間違って変な物が出てきてしまっても、それを食べながら笑い話にできる良さもある。ただひとつ、注意したいのは若い女性店員。残念ながら、若い女性店員の中には、露骨に嫌な顔をしたり、「はぁっ」とため息をつかれた経験もした。でもそれはロンドンに限らない話しだろう。そんな時でも怯まずに「私は、これが食べたいの！」と強気の姿勢で注文をすれば、何とかなるのもロンドンの良いところである。

4）回転寿司

　ロンドンでも、日本料理がブームになっているらしい。とりわけ、お寿司が人気である。ヒースロー空港からロンドン市内に移動して最初に降りたパディントン駅で「さぁ、いよいよロンドン生活が始まるぞ！」と意気込んでいた私の目に入ったのが「Yo! Sushi」という回転寿司のチェーン店である。よりによって、ロンドンに到着して最初に目に入ったのが「ロンドンで見る日本の食文化」だったのである。残念ながらカウンターに座る勇気と時間がなく、遠巻きに見学を試みただけであった。日本人らしき客はいなかったが、カウンターのなかにはアジア系の若い男性が、SUSHIを乗せた皿を日本と同じように回るテーブルに並べていた。入り口付近には、皿の色によって価格が違うことを表示する看板があり、一番安い皿で1.5ポンド（約350円）、一番高い皿が5ポンド（約1200円）の6段階に分けられている事が丁寧に書いてあった。価格帯の設定は日本よりも若干高めだが、ロンドンの物価を考えると、それほど高い食べ物ではないかもしれない。

　ロンドン滞在中、駅の近くにあるスーパーマーケットにもSUSHIを売っ

ているコーナーがあり、ロンドンではSUSHIの文化が認知されている様子であった。たまご焼き・サーモン・蒸しエビなどが主な寿司ネタ。のり巻きなどが入ってはいるものの、カルフォルニアロールのようなサラダを巻いた物も入っており、寿司ではなくSUSHIという文化がロンドンには根付いているように感じた。

5）Take awayで朝ごはん

　イギリスの朝食と言えば、日本のホテルなどで提供されるような「イングリッシュ・ブレックファースト」が有名だが、残念ながらロンドン滞在中に、この贅沢な朝食を経験することはできなかった。今回の視察では、滞在中の朝ごはんは、地下鉄から長距離の電車に乗り継ぐ前に、比較的大きな駅で調達をすることが多かった。駅の構内にあるコンビニにはサンドイッチなどが置いてあり、サンドイッチやベーグルなどテイクアウト用の軽食を売るコーヒースタンドもある。SUSHIやONIGIRIを売っているお店もあり、毎朝「何を買おうか？」と悩むことができるほどであった。

　滞在4日目（2006年3月8日）の朝、その日は2時間ほど電車に乗ってバーミンガムに行く予定であった。乗る予定である電車の時間まで15分ほどの余裕があり「ちょっと駅の外に行ってみよう」と駅の構内を出ると、出てすぐの所にTake away専門のお店を発見。イギリスではテイクアウトの事をTake awayと言うことを、その時に初めて知ったのである。ロンドンの街にも、いたる所にスターバックスがあり、その日まで「日本と同じ味なのか」を調査する機会がなかったので、駅の近くにあるのではないかと構内を出てみたのであるが、急遽予定を変更した。

　当然のことであるが、メニューは全部英語。果たして何が出てくるのかまったく分からないまま、最も無難そうな「ハムと卵」を注文した。それまで英語力に自信がなかった私は、知らない食べ物を注文したことがなく、何か注文する時は同行している誰かと同じ物を注文するか、想像が出来る物しか注文したことがなかったのである。ファーストフードのチェーン店なら、適当に注文しても「それなりの物」を食べることができるのだが、街中に普通に

あるお店のため、大冒険の気持ちで注文したことになる。しばらく待つと、発泡スチロールのパックを「はいどうぞ」と、人の良さそうなお店のオジサンに手渡された。熱々であることは持った瞬間に分かったのだが、電車に乗るまでは開いてみることもできず、じっと我慢。

　乗る予定の電車が、やや遅れて到着するまでの間に、同じお店でTake awayをして来た人が駅のホームで、お行儀悪くパックを開いて食べ始めた。中身は大量のトマト味の豆の煮たものとチップス。「朝から大量の豆とフライドポテトか」と思ったのだが、寒い朝に湯気が出ている煮豆はとても美味しそうで、「イギリスだからな」「次はあれを食べてみたい」と思いながら、自分のパックを落とさないように大事に抱えなおした。電車に乗り、初めて開いてみた自分のパックの中身は、半熟卵のベーコンエッグと大量のチップスだった。「朝からこんなに沢山のチップスを食べても大丈夫なのだろうか」と心配になりつつも、それほど美味しくないポテトに半熟卵を付けて食べ、とっても塩辛いハムを食べながら「これもイギリスの食文化」なのだと理解した。ちなみに、トマト味で煮た豆は「ベイクドビーンズ」という、イギリスでは日常的に食べられている豆料理のひとつ。イギリス滞在最終日に食べたジャケットポテトにも使われていたのだが、その美味しさは相当のものである。

3　ティータイムとジャケットポテト

1)　美術館でティータイムの贅沢

　イギリスと言えば、アフタヌーンティーが有名である。高級アフタヌーンティーを楽しむ事ができるお店は、ガイドブックに何軒も紹介されていた。アフタヌーンティーのイメージは「美味しい紅茶とケーキで楽しむ午後のひととき」であったのだが、イギリスの正式なアフタヌーンティーは、3段の銀のプレートスタンドに乗せられた、小さなサンドイッチやスコーン、そしてプチケーキなどを、時間をかけて食べる、ほぼ食事のようなものである。

昼食の代わりにアフタヌーンティーを楽しんだり、夕食を軽めにすれば、楽しむことはできるのだが、3回の食事を楽しんで、さらに軽めのティータイムを楽しみたい場合は、クリームティーがオススメである。クリームティーとは、生クリームが大量に乗った紅茶のことではなく、スコーンが2個と紅茶やコーヒーのセットのことである。スコーンだけでも、食べるお店によって個性があり、これだけでも十分に「ロンドンでお茶」が楽しめる。

　ロンドンの美術館には、素敵なレストランや喫茶店などが併設されていることが多い。簡単な軽食をとることもできるレストランのような所や、カフェテリア形式のところもある。ロンドン滞在中に、ナショナルギャラリーとテート・ブリテンの喫茶コーナーに出かけ、両方でクリームティーを楽しむことができた。ロンドン市内では、こうした文化・芸術関係の公の施設の大多数が入場無料である。チケットを購入する時に緊張することもなく、気軽に入館することができる。美術を堪能した後に楽しむこともでき、ティールームのみを利用する目的で出かけることもできるのである。美術館でティータイムを楽しむという、ちょっとお洒落な時間を過ごすことができるのも、ロンドンの楽しみ方のひとつかも知れない。

2）ジャケットポテトとリバプールストリート駅

　視察最終日（3月11日）、午前中に最後の訪問先（LDA）での視察が終了した時、私の心のなかは、「最後のパブランチで、ジャケットポテトを食べよう！」という野望でいっぱいになった。前日の夕方、小さな食料品店の前で見た野菜たちの中にジャガイモがあり、その時に初めてイギリスにはジャケットポテトという食べ物があることを知った私は「何があっても、それだけは食べて帰らなければ」と心に誓ったからなのである。1週間のイギリス滞在での経験から、とにかく「パブに行けば食べられるかも知れない」と、視察先から一番近くて大きな駅に行くことにした。大きな駅の近くにパブがあるかも知れないという判断が、決して正しい判断ではなかったようにも思うのだが、なぜか「大きな駅に行こう」と考えていたのである。

　到着したのはリバプールストリート駅。この駅は、それまで行ったことが

あるどの駅よりも開放的で華やかな雰囲気のある駅だった。視察の全日程を無事に完走した喜びも手伝って、両手を広げて駅の構内を歩きたい気分になっていた。さらに電車を降りた瞬間から、何やら良い匂いが漂っており期待が膨らんだ。幸運にも、駅の構内にパブを発見。良い匂いの発信元は、このパブだった。ちょうどお昼時であったためか、パブのなかは観光客らしい人はおらず、地元のオジサン達が昼間からビールを片手に常連さん達と歓談。東洋から来た女性2人組の私たちは、やや浮いた雰囲気になっていたが、その気まずさは一瞬にして吹き飛んだ。

カウンター付近にあるメニューの書かれている黒板を見て、もう少しで歓声をあげそうになった（もしかしたら歓声をあげていたのかも知れない）。小さな黒板に書かれていたのは8種類のジャケットポテトのリストであった。1週間頑張ったご褒美に、神様が導いてくれたとしか思えない幸運だった。唯一、空席になっていた2人掛けのテーブルに荷物を置き、8種類の中から悩んだ末にベーコン＆チーズと、ビーンズ＆チーズ2種類のジャケットポテトを注文した。それが出てくるまでに、まずはオジサン達を見習ってビールで乾杯。そして待つこと15分以上。

丸ごとのまま茹でた大きめのジャガイモを縦半分に切り、そこにベーコンやビーンズをはさみ、たっぷりのチーズを乗せて焼いてある熱々のジャケットポテトが、美味しそうな匂いと一緒に出てきて興奮。さらにその横には、イギリス滞在中では初めて生野菜のサラダがたっぷり添えられていた。

日本ではサイドに付いてくるサラダなどは「おまけ」程度の、繊切りにしたパサパサキャベツが付いてくることも少なくないが、ロンドンで食べた食事には、ボイルした大量のグリンピースが付け合せに付いてくることはあっても、繊切りキャベツ程度の生野菜すら付いてくることがなかった。久しぶりの生野菜も嬉しさも倍増である。ひと口食べて、「おいしい！」とまた大興奮。ジャガイモとベーコンとチーズの組み合わせは想像の範囲内なのだが、ビーンズとジャガイモとチーズの組み合わせの美味しさには本当に驚いた。「豆なのに、お肉みたいな美味しさ」としか表現できないのだが、ねっとりとした食感の甘いジャガイモと、やや塩味の効いた煮豆の組み合わせは、ベーコンとチーズの組み合わせよりも魅力的な美味しさであった。ビールと大量

のジャケットポテトとサラダを、ほぼ食べつくして大満足。それがイギリスで食べた最後の食事となった。

　この美味しい煮豆は、ベイクドビーンズと言うイギリスでは日常的に食べられている豆料理のひとつである。日本に帰国後「何とかあの味を再現したい」と考えていたのだが、

写真 14-2　ジャケットポテトとベイクドビーンズ

「どうやって、あの味を再現しようか」と考えていたら、缶詰で売っている物であることが判明。「さすがイギリス」と妙に納得しつつも、まだ購入には至っていない。再びイギリスに行くことがあれば、ロンドンで体験したイギリス料理の中で1番美味しかった、あのジャケットポテトをもう1回食べたいと思う。

4　食育について考える

1）食育の必要性

　最近、「食育」という言葉を耳にするようになった。日本では平成17年6月に食育基本法が成立している。そのなかで食育とは「知育、徳育及び体育の基礎となるべきものと位置付けるとともに、さまざまな経験を通じて『食』に関する知識と『食』を選択する力を習得し、健全な食生活を実践することができる人間を育てる」「子どもたちに対する食育は、心身の成長及び人格の形成に大きな影響を及ぼし、生涯にわたって健全な心と身体を培い豊かな人間性を育んでいく基礎となるものである」と位置づけられている。

　子どもの肥満がここ10年間で3倍になり、3分の1の子どもが肥満傾向にあると言われるイギリスでは、日本よりも早い時期に、子どもへの「食育」が注目されはじめた。もし子どもが夕食時、家族に対して「こんな食事を食べていると、大人になったら病気になるかも知れない」と言ったとしたら、

言われた大人は何と返事をするのだろうか。子どもが正しく食事を選択する力を身につけることによって、大人への波及効果も期待ができることも考えられるため、日本もイギリスも、子どもへの「食育」には熱心になっている。そして実際に食べることが何よりの教材となるため、学校給食が「食育」を行う為の重要な役割を担っていることは言うまでもない。

　今回のイギリス視察の間、数軒のスーパーへと足を運んでみたのだが、日本のような「お惣菜コーナー」を見かけることはなかった。しかし、「カット済み」の食材や、オーブンや電子レンジで「焼くだけ・温めるだけ」で食べられる冷凍食品の数や種類の多さは驚くほどで、まったく加工されていない原型を留めた野菜類は、大きな店舗の中にほんの数種類しかなかったのである。ロンドンという大都市の比較的中心部にあるスーパーであったため、郊外の住宅地近くにあるスーパーと比べれば、若干品揃えは違う事も考えられるのだが、そこに暮らし、生活をしている人がいることを考えると「食」への関心は、やはり薄いのかも知れない。このように書くと、ロンドンの街中にあるスーパーが遠い国の話しのように感じられるのだが、夕方特売時間の日本のスーパーで、お惣菜コーナーや冷凍食品コーナーに集まる人を見たり、夕食時にファーストフード店へ家族で出かける光景を目にすると、これは他人事ではなく、いま日本で起きている現実なのである。

2) 学校給食の民間委託

　さて、ここでイギリスの給食事情について考えてみたい。1980年代、サッチャー政権下で行われた市場化テストによって、学校給食は全面的に民間委託による運営が行われるようになった。この民間委託のキャッチフレーズは「サービスの効率化を図り、メニューの選択肢を広げる」ことだったのにもかかわらず、実際には食事の質の急激な低下という結果になってしまったのである。最少限の人件費と食材料費で行う食事の提供をすることと、子どもが喜ぶ食事を提供すること。この2つを同時に満たす最も簡単な方法がファーストフードとなってしまったのは、この業務を受託した民間業者だけではなく、社会全体の「食」への関心が薄かったことに起因するのではない

だろうか。

　そして今、日本国内も給食のセンター化や民間委託がさかんに行われはじめている。行政が行う事業の中では、コストの計算や比較が容易であり、「委託しやすい事業」のひとつでもあるため、今後もこの流れは変わらないと考えられる。この動きに対して、行政が直接行うサービスとの違いである「利益を追求しなくてはならない」民間企業がサービスを行うことによって、「給食の質の確保」に対する不安や疑問を持つ保護者がいることも事実である。食育基本法が成立する背景には、日本での「食」への関心の低下があったと考えられる。法律が作られて1年が過ぎようとしている現在、果たして日本人の「食」に対する関心に変化があったのかと考えると、給食業務のセンター化や民間委託についても、イギリスから学ぶべきことは少なくないのではないだろうか。

3）カリスマシェフ、ジェイミーの登場

　最近、イギリスの学校給食が大きく変化をしている。これまでのイギリスの学校給食はチップス（フライドポテト）が中心で、ハンバーガーやピザなど、箱に詰められた加工済みの食品をトレーに並べて温めるだけ。しかも材料費は1食75円（私が働いている小学校では、だいたい250円程度）で提供していたのである。小さな頃から慣れ親しんだ味である、チップスやハンバーガーは、イギリスの子どもにとっては食べやすく美味しく感じる食事。安くて簡単に作ることができるため人件費を削減することもでき、しかも子どもが喜ぶのであれば良い。そう考えられていた。しかし、ヨーロッパの中で一番の肥満大国となってしまったイギリス。将来、医療費の激増が十分に予想され、学校給食を改善することに力を入れ始めたタイミングで登場したのが、カリスマシェフのジェイミー・オリバー（Jamie Oliver）だったのである。

　ジェイミー・オリバーは、イギリスBBCの料理番組「ザ・ネイキッド・シェフ」に出演していたシェフである。近年、イギリスで流行している「モダン・ブリティッシュ」の若き料理人のひとりでもある。料理のテクニックの素晴らしさだけではなく、若くて美男子の彼。イギリスでは国民的な人気を誇る

人気と実力を兼ね備えたスーパーシェフなのである。書店にある料理関係の本を置くコーナーには、まるで彼の写真集のような料理の本を何冊も見つけることができる。私自身も、思わず数冊購入をしてしまったことは言うまでもない。

そんなジェイミー・オリバーが今、イギリスの「給食革命」に乗り出している。BBCのテレビ番組で、子どもの食生活を改善するには給食を変えるのが手っ取り早いと、彼が改革に乗り出したのである。彼が掲げる給食改革へのマニフェストは全部で5つ。1つ目は「給食のランチは1日の大事な1食、健康と成長に必要な栄養分が含まれていること」。2つ目は「ジャンクを追放し、学校は給食改善に向けた栄養基準をつくること」。3つ目は「給食のおばさんを大切にする。給食調理員という職業に資格を与え研修を行うことで、仕事に誇りを持てるようにすること」。4つ目は「子どもに対する食育。食育に対して斬新なアプローチを導入すること」。5つ目は「予算の倍増。1人当たり70ペンス（約140円）の予算で、大きな改善が可能。予算の増額でもっと質の良い食事を」とある。

給食を食育の教材として使うこと、これは現在、日本で行われている学校給食が目指す目標のひとつでもある。日本の給食の提供は、栄養計算された献立により給食が提供されており、一定の栄養量を確保することができている。しかし残念ながら、子どもが給食を通して「食事を選択する力」を養うことについて、現在の学校給食では限界もある。必要十分な栄養量の確保。そして、給食を通して子どもたちが「自ら食事を選択する力」を養うこと。この2つについては、イギリスも日本も今後の課題である。

5　イギリスの魅力的な食文化

帰国の前日、スーツケースに荷物を詰め込みはじめた時に、食事が合わずに苦労しないようにと準備してあった、カップスープやインスタントの味噌汁があった事を思い出した。食べることに対して保守的な私が、滞在中に1回も「日本の味を恋しい」と思わなかったのである。気がつけば私は1週間

イギリスの食文化を堪能しており、慣れ親しんだ「日本の味」を恋しいと思わなかったのである。

　イギリス、特にロンドンでは多くの国の料理を楽しむことができる。イタリア料理やインド料理を見て「これはイギリスの料理ではない」と思うのではなく、「これもイギリスの食文化の一面」だと考えれば、イギリスは実にバラエティに富んだ食文化を持つ楽しい国であると考えることができる。もちろん、伝統的なイギリス料理も不味いわけではないことも分かった。イギリス料理は、日本料理のように旬の食材をさまざまな調理法で工夫して食べる文化なのではなく、茹でたり焼いたりという、ごくシンプルな調理法で食べるのが一般的で、これがイギリスの食文化なのである。調理法がシンプルなので素材の良し悪しが大きく影響するのであるが、その辺りに多少無頓着なお店が多いのも、イギリスらしさなのであろう。

　ロンドン市内では、あちこちにファーストフードの店を見かけることがあったが、ファミリーレストランを見かけることがなかった。日本全国どこでも同じメニューで、ごく一般的に好まれる味を提供するファミリーレストランは日本の食文化の一面であることに気がついた。それが当たり前になっている現在の日本に、いつか「日本はどこで何を食べても同じ味がする」と海外のガイドブックに書かれることがないようにしたい。

【参考文献】

岩波書店『世界』2005 年 7 月、イギリスで巻き起こる「給食革命」。
林　望『イギリスはおいしい』文藝春秋、1995 年 9 月。
ジェイミー・オリバー　http://www.jamieoliver.com/schooldinners
ブリティッシュ・カウンシル　http://www.britishcouncil.org/jp/japan-trenduk-schoolmeals.htm
英国国立健康増進局　http://www.nhs.uk/Pages/index.html

第15章 自治体職員流英国の歩き方
――ロンドンの諸相

1 地球規模で考えて、地域密着で行動する

　地方自治体の改善や改革で中心的な役割を果たすのは、そこに勤務する自治体職員である。しばしば、「組織は人なり」と指摘されるように、自治体職員の専門的知識と実務経験、そして何よりも、どんな仕事にも誇りを持って前向きに取り組んでゆけるマインドが、組織である地方自治体の活性化には不可欠なのである。

　それにしても地方自治体を取り巻く財政状況は、依然として非常に厳しい。毎年度の予算編成に四苦八苦する自治体も実際のところ多く、事務事業の見直し、職員人件費のカットなど、あの手この手の財政健全化策が講じられている。しかし、そうしたなかにあっても、職員の人材育成のための予算、職員研修のための予算は、できるだけ削減すべきではない。事務事業の見直しが進み、事業や施策の展開に予算が確保できない状況になればなるほど、自治体職員の創意工夫が、事務事業の見直し結果を補完する重要な機能になるからである。

　もちろん、それなりの数の自治体では、従前の職員人材育成や職員研修のあり方を抜本的に見直さなければならない必要性がある。しかし、その一方で、やる気のある職員、前向きな職員、専門的知識のある職員を大切にして、積極的な職員人材育成や研修を繰り返し、そうした職員を適材適所に配置し、今後の大きな成果が期待される自治体も存在する。

民間企業のように、専門的知識や実務経験等に秀でた人間が、他の組織に転出したり、優秀な人材であるという理由で、相当の（高額の）報酬で雇用されたりという事情は日本の自治体にはない。従来、人件費は固定費なので、削減の対象となる費用ではないと自嘲気味に言及していた自治体の姿から、人件費は固定費なので、どれほどの専門的知識や実務経験を身につけても、その自治体職員に対して固定の給与を支払うだけ、という前向きな姿へと、発想のベクトルを変換しなければならない。人件費が固定費であるという現状は、従来、自治体の弱点とみなされていたが、今後はより効果的な人材育成や職員研修の実施を前提に、自治体の大きな強み（コア・コンピタンス）と認識すべきなのである。

　自治体職員の人材育成や研修は、従来以上に重視されなければならない。本書でこれまで考察してきた英国の自治体行政経営や市民生活は、わが国の自治体職員が、自己の専門性を深め、より広範囲な思考を展開するという点で、非常に有用なヒントとなる。本書で言及した多くの論点を、より多くの自治体職員が実際に英国を訪問し、自らそれらを体験することで、自治体職員の視野は大きく広がり、目の前に存在する諸問題に取り組む姿勢も大きく変わってくるのではないかと期待されるのである。

　自治体職員は、それぞれの所属する自治体の諸問題を地縁や血縁、風習や慣習のしがらみを強く意識しながら、解決してゆかなければならない。自治体職員がローカルな視点を忘れず、各自治体の抱える課題に取り組むことは、重要なことである。しかしその時に忘れてはならないのが、ローカルな問題を解決するときに、知識や経験がローカルな部分だけでよいはずはないということである。改善や改革のヒントは、より広範囲な視点をもって、物事に接することによって生み出されることが多い。それゆえ、自治体職員も、ローカルな問題に解を見出すために、より広範囲に、グローバルな視点と経験を持つことの重要性を理解すべきである。

　関西学院大学経営戦略研究科会計専門職専攻（アカウンティング・スクール）では、2007年度に開設した自治体会計コースで、イギリスの先進自治体訪問をベースに海外エクステンションのプログラムを構築している。本書は、その準備的な訪問として、2006年の3月と11月に実施された英国海外

行政視察に参加した自治体職員による視察結果の集大成であった。

本章の目的は、今後、海外、特にロンドンを中心とするイギリスの地方自治体を対象に行政視察による訪問を企図している自治体職員に、英国において感じ取るとるべきこと、あるいは、視察の過程において留意すべきことを、具体的な体験談として示唆することにある。

2　古い建物を活かしたロンドンの街並み

イギリスを訪問したとき、行政視察等の中心となるのが、ロンドンを中心とした大都市圏である。大ロンドン市の特別区を訪問するだけではなく、各地方への交通の拠点はロンドンであり、宿舎となるホテルもロンドン市内に確保することが多い。

イギリスと日本の都市景観を比べた場合、その最も大きな違いは、建物の統一性の有無にある。ロンドンのまちを歩くと、どのまちも例外なく、雰囲気や高さ、構造が似た建物が続いている。これは、日本のまちに見られるような雑然さとは、趣をまったく異にしている。行政による規制の強さはもちろんであるが、このような街並みを長い年月をかけてつくってきた住民一人ひとりのなかに、これからもこの街並みを維持していくのだという強い意志がしっかりと根付いているような気がする。建物には定期的に建て替えが必要になるが、ロンドンのまちを歩いているときにも、いくつか建て替え工事中の建物があった。ロンドンでは、こうした新しい建物も建て替え前の古い建物の雰囲気をそのままにして建て替えられている。まちづくりや景観づくりは一朝一夕にはできないもの。こういった1つひとつの積み重ねが、現在のロンドンの姿をつくりあげているのである。

イギリスでも日本でもそれぞれのまちには、そのまち独特の個性や特徴がある。自分たちの住むまちにどんな特徴があるのかを調べながら要素を拾い出し、その特徴的な要素を盛り込んだ建物をつくっていく。そのように古い建物に合わせて新しい建物をつくっていくうちに、少しずつ特徴に調和のとれた建物が増えてきて、街並みに連続性が出てくるのではないだろうか。ロ

ンドンで見たような調和のとれた街並みは、ずっと昔からそのように残っているのではなく、街並み保存の長い歴史のなかでだんだんと輝きや美しさを取り戻したもの、長い時代の努力の積み重ねが生んだ風景と言えよう。

近年、日本でも都市の景観整備への関心が高まりつつある。地方自治体においてもいわゆる「景観条例」の制定など、自分たちのまちの景観づくりに積極的に関与しようとする動きが見られるようになってきた。日本でのこういった景観づくりへの取り組みは、ヨーロッパの街並みをモデルにしていると言われている。今回、視察の合間にロンドンはじめイギリス各地の都市を歩き、その街並みを眺めるなかで、日本の専門家たちがヨーロッパの街並みをモデルにしようと考えたことの意味がわかったような気がした。何気ないロンドンの街並みの諸相から、都市開発の一つのモデルを体験できるのである。

3　郵便ポストには歴史が詰まっている

イギリスの街は歩くのがとても楽しいと言われている。ロンドンのような大都会も、地方の小さな街も、それぞれに調和のとれた美しい街並みが広がっているからだ。そんな街の空気を肌で感じることができる街歩きは、旅の醍醐味の一つでもある。特に、イギリスには、古いものに価値を見出す国民性から、いたるところに歴史あるものが残っており、それらは、何気ない顔をして日常のなかに溶け込んでいる。そんな日常に隠れた歴史の一つが郵便ポストである。

イギリスで、意識して郵便ポストを探しみると、実にさまざまなデザインのポストがあることに気づく。そして、どんなデザインにも共通して、正面に「VR」や「EⅡR」といった記号が刻まれている。そして、記号の上には王冠の刻印があることから、記号のなかの「R」は「Royal」すなわち「王」を意味していることがわかる。つまり、刻まれている記号は、その郵便ポストが鋳造されたときに在位している王や女王を示しているのだ。

イギリス郵便博物館（British Postal Museum）のホームページには、イ

ギリスの郵便の歴史に関する記述があり、そのなかに「Pillar Box」（イギリス英語で「郵便ポスト」のこと）という文書がある。これによると、イギリスで郵便ポストが初めて登場したのは、1852年とあるので、ビクトリア女王（在位1837-1901年）の時代である。ビクトリア女王の後、

写真15-1　ロンドン市内の街並み

エドワード7世（在位1901-1910年）、ジョージ5世（在位1910-1936年）、エドワード8世（在位1936年）、ジョージ6世（在位1936-1952年）、そして現在のエリザベス2世へと続いている。ポストに刻まれた記号も「VR」「E Ⅶ R」「G Ⅴ R」「E Ⅷ R」「G Ⅵ R」「E Ⅱ R」と、王の数だけある。

　これらの記号のなかで最もよく見かけるのは、エリザベス2世の「E Ⅱ R」である。すぐに見つけられるからつまらないかというと、そうでもなく、これがなかなか面白い。同じ「E Ⅱ R」でも、初期のものは、それ以前の時代と同様、文字が刻印され浮き上がったようになっており、字体も、飾り文字のようなデザイン性が高いものになっている。それに比べ、ごく最近のものは、刻印ではなく、ポストの表面に直接ペイントされ、文字のデザインも字体もあっさりとしている。エリザベス二世は在位期間が長いため、同じ「E Ⅱ R」タイプでも、このような変化が見られるわけである。

　反対に、エリザベス2世の叔父にあたるエドワード8世は、在位期間が1年にも満たなかったため、「E Ⅷ R」が施されたポストは、他のものと比べても圧倒的に数が少ない。また、あまりにも古く磨耗の激しいポストは、順に新しいものに取り替えられている。従って、鋳造年が古いものほど、街角から姿を消してしまう可能性は高い。特に人口が多い地区ほどその傾向も強いので、ロンドンのような大都市では「E Ⅱ R」があふれている。しかし、地方の小さい街では、ポストの消耗度も低く、昔の珍しいポストが残っている可能性も高い。実際、ドーバー市では、格式ある古い建物の壁に埋められたジョージ6世時代のポストや、1879年から1887年の間に鋳造されたとされる、王の記号も王冠の刻印もない「名無し」のポストといった面白いポス

トに出会うことができた。

　ただの郵便ポストにもこれだけの歴史が詰まっている。その歴史に思いを馳せるとき、いまのイギリスにつながっていることを実感できるのだ。幸いにもイギリスには古いものがたくさん残っている。ぜひ、自分だけの楽しみを探しながら街歩きをしてみてほしい。ほんのつかの間の滞在でも、イギリスをぐっと身近に感じることができるにちがいない。

写真15-2　ドーバー市で見つけたジョージ6世時代のポスト
格式ある建物の壁に埋め込まれている珍しいタイプ

4　基本的なコミュニケーション

　ロンドンの街並みやポストに目をやりながらも、いずれ直面しなければならないのが、現地での英語によるコミュニケーションである。このコミュニケーションにも、ほんの少しのことではあるが、非常に有用な留意点とフレーズがある。

　まず、日本人がイギリス人と話してつまずく第一歩は、自分の英語を聞き取ってもらえないことである。もちろん原因はさまざまであるが、日本語にはない発音の違いに気をつけるも重要である。たとえばそれは、①「R」と「L」、②「B」と「V」、③「H」と「F」の発音である。①では、Lは舌を上の歯の裏につけるように、Rは巻き舌にして発音すること、そして、②・③では、BとHの発音は、通常の日本語とよく似ているが、VとFは下唇を噛んで発音するという点である。

　会話の基本フレーズとして気をつけなければならないことは、まず、「Nice to meet you」=「はじめまして」という固定観念を捨て去ることである。素直に英語を読むと、「あなたと会えてよかったです」となる。よって、この言葉は、別れ際にも使うこと可能である。また、「It's very 〜」等で強調するのもできよう。もとより、再会時には「meet」が「see」に変わることも忘れてはならない。同じように、「How are you」の応用形として、食

事中の人に「How is it ?」と聞いてみたり、「その政策がうまく行ったかどうか」等を尋ねる時は「How was it（going）?」と確認することも、応用範囲の広いフレーズと言えよう。よくスーパーのレジで「How are you（going）?」等と聞かれることがあるが、イギリスでは「good thanks.」と軽くながしている人が多い。

　「私は元気です」という表現も日本の教科書では「I'm fine」が一般的であるが、「I'm all right」あるいは「I'm OK」も同じ意味である。ちなみに、日本的に曖昧に断る場合にも、「No, I'm OK（fine）」と表現することも

写真 15-3　ヴィクトリア女王時代のポスト
この形のポストは、1859 年以降に作られたタイプ

多い。礼儀に関する会話については、紳士の国と呼ばれるイギリスゆえに、非常にマナーが重んじられている。「After you（お先にどうぞ）」は頻繁に耳にするフレーズであるし、「Thank you」と言われたら、「どういたしまして」と回答するのがマナーと言えよう。この場合の表現も、画一的に「You are welcome」でなく、「No ploblem」や「My pleasure」等と、場面に応じて使い分けることが重要である。こうして英語の基礎がインプットされたら、いよいよ公共交通機関を使っての、ロンドン市内の移動である。

5　ロンドン交通事情

　ロンドン市内の主な交通手段としては、郊外に向けた長距離移動用の鉄道（BR: British Railways）、中心部でのちょっとした移動用の地下鉄・バス、近距離のピンポイント移動用のタクシーなどがある。ロンドンには BR のターミナル駅が8つあって、そこから郊外に向け列車が運行されている。8つのターミナル駅は、それぞれ離れて立地しているので、目的地にあわせ、バスや地下鉄等のその他の交通機関で移動する必要がある。

　BR の切符は窓口や自動販売機で購入できる。往復による割引率が非常に高いのと、時間帯によっては割引内容が違うので、選択には注意が必要である。列車の出発ホームは、発車時刻直前まで決まっていないことが多い。出発間際まで、駅構内の電光掲示板（モニター）で確認するため多くの人が、モニターを眺めているという光景にしばしば直面する。BR 車内の座席もまた日本とは異なって、自由席と同じ車両に指定席が混在している。指定席には、座席の背もたれに"Reserve"の札が付いていて、自由席切符しかもたない乗客は、札のない座席に座ることになる。

　ロンドンでは地下鉄を Underground といい、その形状から"Tube"という愛称で親しまれている。サークル状・縦横斜め・東西南北と縦横無尽に12路線が走行し、中心部から郊外に向け6つのゾーンに区分された料金体系が構築されている。初乗り料金が3ポンド（2006年11月現在）と世界一高く、一般的には"Oyster Card"という定期券とプリペイドカードをあわせたような交通機関用ICカードを利用して乗車することになる。これは、割引率が最大70％になるというお得なカードで、旅行者でも気軽に利用することができる。視察や観光などでよく使うゾーン1・2の1日乗り放題料金が約3ポンド（2006年11月現在、2007年7月時点では5.1ポンド）と初乗り料金とほぼ同額の設定となっている。また、赤い二階建てバスの"Double Decker"も同じゾーン内なら乗り放題に設定されている。

　乗車に際しては、オイスターカード等を、改札口やバス乗車口に設置して

ある黄色いカードリーダにかざすだけであり、乗り降りも非常に簡単である。日本と比べるとセンサーの感度が鈍く、あまり急いで通ろうとしたりすると、トラブルに巻き込まれる可能性も多い。

タクシーは通常、「Cab」と呼ばれており、年代を感じさせるような

写真15-4　Double Decker

デザインのインターナショナル社製"オースチン"が車種として最も一般的になっている。車内は、進行方向に3人分のシート、それと向かい合って折りたたみ式のシートが2人分セットされており、乗車定員は5名となっている。利用する場合には、タクシー乗り場か走行中の空車を、手を上げて止めなければならない。乗車前に助手席の窓から行き先を告げ車内に乗り込むことが、ロンドン流のタクシー乗車のルールになっている。タクシーのドライバーは、非常に厳しい試験に合格し、道路事情にも精通しているために、最短・最安値で行くのがドライバーの美徳とされている。

6　ポートベロー・マーケット

公共交通機関とコミュニケーションの方法を少々身につけた後、是非ともロンドン市内で訪問したいのが、ポートベロー・マーケットである。ロンドン　マーブルアーチの西3キロほどの地点、ウエストエンドのノッティングヒルに、ポートベロー・マーケットはある。地下鉄セントラルラインまたはサークル＆ディスクリクトラインのノッティングヒルゲート駅を出て、右に曲がり、200mほど行き、左に曲がるとポートベロー・ロードがあり、ここに毎週土曜日、蚤の市が出来上がっている。

「Portobello OFFICIAL GUIDE」によれば、世界最大のアンティークス・マーケットで、1,500以上のディーラー達が種類豊富なアンティークスやコレクティブルを売っていると紹介されている。マーケットの土曜日の朝

は、早朝からディーラー達が取引を始めると言われている。このマーケットは、距離が非常に長い。アンティークを扱っているショップはノッティングヒル駅からみて一番手前にあり、その先は、NEW GOODS、FRUITS & VEGETABLES などのショップが並んでいる。

　ポートベロー・ロードのショップでは、数ポンドから何千ポンドもするものまで揃っており、ここに来れば、イギリスで最も質の高いアンティークに出会えるといううわさもあって、世界中から人々が押し寄せてきている感じがする。ポートベロー・ロードの所々には、両替商もあって、世界中からディーラーや買い物客が訪れていることが推察されるのである。

　ポートベロー・ロードを含むノッティングヒルは、ジュリア・ロバーツ主演の映画「ノッティングヒルの恋人」の舞台となった場所でもあり、ヒュー・グラント演じるウイリアムが旅行書専門店を構えていた場所でもある。ここは、この映画ファン、ヒュー・グラントのファンにとっては是非とも訪問をしたい観光スポットにもなっている。

7　ロンドンのトイレ事情

　イギリス（特にロンドン）の街なかでの公衆トイレ事情は非常に悪い。これまで幾度かのイギリス行政視察でも、同行している何名かの仲間が"トイレ探しのマラソン大会"を経験している。また、苦労してやっと見つけたトイレが「工事中で使用不可」という不幸に襲われた仲間もいる。

　日本人の感覚ならトイレを求めて、大型ショップやレストランなどに足を運ぶ人も居るだろうが、大型ショップの「マークス　アンド　スペーサー」や大型ファッションビルなどですらトイレはほとんどない。また、カフェなど喫茶店や「スターバックス」においても、トイレが無いところがある。トイレに行きたくて、「スターバックス」に入り、飲みたくも無い飲み物を取り急ぎ注文し、「Where is a restroom?（トイレはどこですか？）」と尋ねると「There is not a restroom（トイレはありません）」と断られてはたまらないが、珍しい話ではないのだ。

第15章　自治体職員流英国の歩き方　225

写真 15-5　Portbello Market　　写真 15-6　Portbello の公衆トイレ

　ロンドンの街なかでトイレを探す場合、ファーストフードかパブに入れば、間違いなくそれを見つけることができる。大きな駅には、トイレは設置されているが、もちろん有料である。有料トイレの使用料は通常 20 ペンス（日本円で約 50 円）が相場である。有料トイレの前には、両替機が設置してあるので、20 ペンス以上のコインを持っていれば 20 ペンスコインが無くても大丈夫である。さすがに有料トイレは、いつもきれいに清掃されているので悪臭も無く使いやすい。また、「ハロッズ」や「セルフリッジ」などの高級百貨店は、無料できれいなトイレを使用することができる。

　トイレは、大便器はフタの無い便座が多く、バーを押し下げるタイプ、ボタンを押すタイプ、手をかざすだけの自動水洗タイプの三種類がある。日本より便座が大きく、お尻の形とマッチングしないため、長時間座っていると少々尾骶骨が痛くなることも多い。紙も日本よりは固めである。もちろんウォシュレットなどハイテクなものはないので、持病をお持ちの方は要注意であろう。小便器の方は便器の器が異常に小さく、位置が高いので、背の低い方には辛く、背伸びをしていた仲間も発見した記憶がある。手洗い後は、ハンドペーパーかドライヤーで手を乾かすのが普通で、ハンカチを使っている人はいないようだ。

　また、ロンドンで気付くのが順番まちの列の作り方で、トイレの順番待ちに限らず、列を 1 つ作り、空いたところに次の人が入るというスタイルで、列により、遅い早いが無く公平といえる（さすが合理主義イギリス人という感じがする）。ポートベロー・マーケットには、写真 15-6 のような公衆トイレがあった。これなどは非常に珍しいケースと言えるのである。

8　パブに行こう！

　イギリスを訪れる目的は実にさまざまであろうが、その目的が何であろうと「夜にはパブをのぞいてみよう」と考える人は非常に多いと思われる。パブとは「Public House」という言葉が語源となっており、その名のとおり、誰でも立ち寄れる酒場のことをいう。人々はそこで政治やスポーツの話に興じたり、あるいはただ単にワイワイおしゃべりするなど、地域のよき社交場となっているのである。

　パブでは、まずバーカウンターに赴きドリンク（やはりビールが主流）を購入する。ビールは店によって多少銘柄は違うが、ビター、エール、ラガー、スタウトなど各種取り揃えてあることが多い（1パイント3ポンド前後）。日本のビールの味に慣れている人はラガーが一番飲みやすいようだ。ちなみにお酒が飲めなくても、レモネードやミネラルウォーターが2ポンドくらいで販売されている。ここで気をつけたいのは、カウンター前でもじもじしているとなかなか店のマスターが注文を聞いてくれない。「ハーイ、調子はどうだい！」というようなノリで注文することが、イギリス流である。

　首尾よくドリンクを購入できたら、あとはもう席に戻って仲間とワイワイやるだけである。思う存分イギリスの夜を満喫しよう。ビールの飲み方を見てみると、ほとんどのイギリス人が、ちびりちびりと飲んでいる。間違っても「ビールは、のどごし！」などと言って一気にグビグビとジョッキを空ける輩はいないようだ。

　イギリスに来たら、とにかく楽しまなければパブに行く意味がない。一緒に行った仲間と語るのもよいが、意外と気さくに隣の席の外国人と国際交流もできる。イギリス人は「不親切で笑わない」という先入観が見事に裏切られるのがうれしい。もちろん英語力は大事ではあるが、もっと大切なのは、積極性とキャラクターだということを痛感させられる。そして、そんな楽しい時間は瞬く間に過ぎ、ほろ酔い気分で「グッナイッ！」と声高らかに店を出れば、すっかりイギリス通になったような気がしているから困ったもので

ある。イギリスのパブは、どの店も独特な個性と頑固な常連客を持っており、地域のアイデンティティを形成する重要な要素となっていることは間違いない。

行政視察団が投宿していた「ヒルトン・ロンドン・ケンジントン」から目と鼻の先のシェファーズブッ

写真 15-7　Pub のカウンター

シュ地区（2005 年 7 月に起きた地下鉄爆破テロが記憶に新しい）にあるほんの一部のパブを紹介すると次のとおりである。いずれのパターンも、イギリスの諸相であり、ロンドンそのものである。

- ○ Belushi's……地下鉄 Central Line の Shepherd's Bush 駅前。いつも若者で賑わっている。クラブ系ミュージックが大音量でガンガンかかり、低音のベースが五臓六腑に染み渡る。恋人同士のように寄り添わないと隣の声も聞こえないほど。
- ○ Green's……同駅から西に 5 分くらい歩いた交差点の角。23:30 ラストオーダー、24:00 クローズで時間になると鐘が鳴って店から追い出されるというごく普通の店。渋めのジャズが流れていたりする。
- ○ DUKE OF EDINBURGH……同駅から東に 3 分くらい歩いた住宅街の入り口。週末の夜というのに，薄汚れた店内（もちろんトイレも汚い）はガランとしている。スコットランド出身者が多く集まっており、TV でサッカー観戦しながら盛り上がっている。店名の気高い響きは見事に裏切られ、品のないイギリス人がベロベロに酔って絡んでくる。

9　安くて嬉しいイギリス土産

帰国を前にして、行政視察団一行が何よりも苦労するのが、お土産の確保である。もし、ブランド品や高級品を買う場合には、ニューボンド・ストリートやボンド・ストリートでのお買い物がお勧めである。超高級品のショップ

が軒を連ね、歩くだけでも楽しみが増す。ショッピングをしながら服や雑貨のお土産を探すなら、オックスフォード・ストリート、リージェント・ストリートがいいだろう。デパートもあって、若い人向けの洋服のお店、化粧品店など庶民的な店が軒を連ねている。

　友人や子供向けに5ポンドくらい（1200円前後）を予算としてお土産が必要な場合には、キーホルダーやロンドンバスの鉛筆けずり、地下鉄グッズ（ステッカーやマグカップやTシャツ、パンツ）などの「イギリスのお土産」各種が最適だろう。これらは、街のいたるところで購入することができる。ロンドンバス・グッズは意外と、子供から大人まで喜ばれるので重宝する。

　また、とにかくたくさんの人にお土産を購入する必要がある場合などは、コンビニやスーパーで駄菓子のようなポテトチップス、チョコ、ガム等を大量に買っておくという方法もある。パッケージがかわいらしく、日本のおしゃれな雑貨屋さんで見かけるものもあるからだ。職場や友人などの大勢に配るおみやげは、やはり食べ物や紅茶が中心となる。ところで、イギリスといえばショートブレッドが定番である。これも空港で安くまとめ買いすることができる。また、ビスケットやクッキーなどのお菓子類をスーパーで安くたくさん買うことも可能である。

　いずれにしてもイギリス、特にロンドンの物価は驚くほど高い。1ポンドが約250円と円が弱いことに加え、VAT（付加価値税）が17.5%と高いことも、物価の高さを感じるひとつの要因ではある。予算に制限がある場合、物価の高いロンドンでなるべく安くお土産を確保するにはどうしたらよいか。イギリスやロンドンを行政視察する場合にも、必ず直面する問題である。

　イギリスといえば紅茶というイメージを持っている人は多い。「イギリスに行ったので、紅茶をお土産にした」といえば、誰もが納得してしまうほどであろう。ロンドンの市街を歩くと、そのイメージ通り、紅茶専門店を何軒も見かける事ができる。また、日本でも有名なハロッズやフォートナム＆メイソンなどに行けば、高級な紅茶を買うことができる。ただし値段も高級なので、お土産にするには少々勇気が必要となる。

　お手頃な価格で紅茶を買うのならば、スーパーの紅茶売り場で購入するのがよい。スーパーとはいっても、紅茶売り場には数多くの種類の紅茶が並ん

でいる。ウェイトローズのような少々高級感のあるスーパーで紅茶のティーバッグ40個入りを買っても400円程度。「イギリス王室ご用達の高級老舗スーパーの紅茶だ」と説明をしながら渡せば、お値段以上の価値も生まれるのである。そんな見栄を張る必要がなければ、テスコ（ごく一般的なスーパー）で、普段使いの紅茶を買えばよい。およそ300円程度で購入する事が可能で、どの紅茶を選んでも、それなりに楽しめる味である。その際、注意したいのが、イギリスでは紅茶のティーバッグに紐がついていないことである。ティーカップにティーバッグを入れてお湯を注いだ後は、ティースプーンなどで引き上げる必要があるので、「イギリスのティーバッグは、これが主流だ」と説明しながら渡す必要がある。

　もうひとつ、イギリスのお土産で喜ばれるのがショートブレッドである。ビスケットに似たお菓子で、最近は日本でも買うこともできるのだが、イギリスのスーパーで買えば立派なお土産となる。1箱200円前後で買うことができ、店によって味は多少異なるものの、濃厚なバターと素朴な小麦粉の味が魅力である。ただし問題となるのが、ショートブレッドは重いということ。1箱160g〜200gなので、10個買うだけでもかなりの重さになる。エコノミークラスの無料手荷物許容量は20kgなので、荷物の重さと相談となるかもしれない。

　物価が高いイギリスだが、食品にはVATがかからないので、食品をお土産にすると比較的安く買うことができる。また、スーパーは、その国の生活や文化を垣間見ることが出来るため、店内を歩くだけでも興味深く面白い。空港の免税店で高級な紅茶やショートブレッドを買うのも一つの方法であり、スーパーに出かけて、「イギリスらしいお土産」を買いもとめることも、結構な楽しみなのである。

自治体職員がみたイギリス

2008 年 3 月 31 日　初版第一刷発行

編 著 者　石原俊彦　稲澤克祐
発 行 者　宮原浩二郎
発 行 所　関西学院大学出版会
所 在 地　〒662-0891　兵庫県西宮市上ケ原一番町 1-155
電　　話　0798-53-7002

印　　刷　協和印刷株式会社

©2008 Toshihiko Ishihara　Katsuhiro Inazawa
Printed in Japan by Kwansei Gakuin University Press
ISBN 978-4-86283-027-2
乱丁・落丁本はお取り替えいたします。
本書の全部または一部を無断で複写・複製することを禁じます。
http://www.kwansei.ac.jp/press